Christine Brückner

Wenn du geredet hättest, Desdemona

Ungehaltene Reden
ungehaltener Frauen

Mit Zeichnungen von Horst Janssen

Hoffmann und Campe

Der Text »Bist du nun glücklich, toter Agamemnon?« wurde mit freundlicher Genehmigung des Ullstein Verlages entnommen aus: Christine Brückner, »Mein schwarzes Sofa«, © Verlag Ullstein GmbH, Frankfurt/M.–Berlin, 1981.

Die Originalzeichnungen von Horst Janssen wurden dankenswerterweise aus Privatbesitz und Kunsthandel zur Verfügung gestellt.

Lektorat und Bildauswahl Jutta Siegmund-Schultze

CIP-Kurztitelaufnahme der Deutschen Bibliothek

Brückner, Christine:
Wenn du geredet hättest, Desdemona: ungehaltene
Reden ungehaltener Frauen / Christine Brückner.
Mit Zeichn. von Horst Janssen. – 12. Aufl., 251.–270. Tsd. –
Hamburg: Hoffmann und Campe, 1985
ISBN 3-455-00366-4

Copyright © 1983 by Hoffmann und Campe Verlag, Hamburg
Schutzumschlaggestaltung Werner Rebhuhn unter Verwendung
der Zeichnung »Viola« von Horst Janssen
Gesetzt aus der Bembo Antiqua
Lithographie nach den Originalzeichnungen Harry Bähre, Hamburg
Satzherstellung Alphabeta, Hamburg
Druck Ara-Druck GmbH, Stuttgart
Bindearbeiten Franz Spiegel Buch GmbH, Ulm
Printed in Germany

Inhalt

Ich wär Goethes dickere Hälfte

Christiane von Goethe im Vorzimmer der
verwitweten Oberstallmeisterin Charlotte von Stein

Die Frau verwitwete Oberstallmeisterin empfängt
nicht? Sie fühlt sich nicht? Auch recht. Ich kann warten. Vielleicht fühlt sie sich demnächst wieder? Ich
kann auch Platz nehmen. Vielleicht müssen Sie Ihren
Salon mal verlassen und kommen durchs Vorzimmer,
und da sitzt dann die ehemalige Vulpius. An der
kommt man nun nicht mehr vorbei, Madame von
Stein, auch Sie nicht. Soll ich lauter sprechen, damit
Sie mich verstehen? Oder halten Sie sich die Ohren
zu, weil ich ordinär rede? Thüringisch! Das tun Sie
auch, nur gestelzter.
Ich passe nicht in Ihre Sessel, ich bin zu breit. Hier
darf man sich's wohl nicht commod machen? Hier
muß man die Knie aneinander drücken und darf sich
nicht anlehnen. Aber ich lehn mich gern wo an! Und
jetzt setz ich mich erst recht lätschig, nur weil Sie's
erwarten.
Der Portwein ist für mich? Oder soll er noch für
andere Besucher reichen? Wer kommt denn noch?
Die Weimarer fürchten Ihre spitze Zunge. Haben Sie
die Karaffe füllen lassen, als Sie die Kalesche der Vulpiussen haben vorfahren sehen? Wollen Sie wissen,
ob ich die Karaffe leer mache? Kommt drauf an,
Madame, wie lange Sie mich warten lassen. Wer mehr
Geduld hat.
Jetzt sind Sie neugierig, ob der Meinige weiß, daß ich
Ihnen einen Besuch abstatte. Er befindet sich zur Zeit
auf Reisen, das weiß in Weimar jeder, und Sie wis-

sen's auch. Und wenn er zurückkommt, erzählt er, wie's war, und ich erzähl ihm, wie's in Weimar war, und vielleicht erzähl ich ihm auch, daß die Frau von Stein sich nicht fühlte, um die kranke Frau von Goethe zu empfangen. Ich dacht, wir hätten uns was zu sagen gehabt. Wenn's dem Ende zugeht, muß es auch mit dem Streit zu Ende gehn. Wir sollten unsre Sach ins reine bringen. Vielleicht, daß Sie das eine oder andere gern zurücknehmen möchten? Worte wiegen schwer. Sie haben angeordnet, daß die Sargträger Ihre Leiche nicht am Frauenplan vorbeitragen sollen, wenn's soweit ist. Ich bin vorher dran, Madame. Wenn's meinetwegen ist, können Sie sich den Umweg sparen, und der Meinige wird nicht am Fenster stehn, er geht dem Tod aus dem Wege.

Ich schenk mir noch mal ein, wenn's recht ist. Und jetzt werd ich Ihnen erzählen, wie alles gekommen ist.

Ich hab nichts für mich gewollt von dem Herrn von Goethe. Ich hab ihm damals eine Bittschrift meines Bruders überreicht. Nur angesehen hat er mich, und ich hab geknickst und bin rot geworden und hab gelacht, weil ein armes Mädchen nicht stolz sein darf. Er hat mich eingeladen in sein Gartenhaus. Zuerst, da haben die Leut gedacht, die Demoiselle Vulpius putzt und kocht für ihn und weiter nichts. Aber das Weiternichts, das war die Hauptsach. Für ihn war ich keine Arbeiterin, die Kunstblumen in der Bertuchschen Fabrik macht, für ihn war ich ein Blumenmädchen. Ich war sein Mädchen. Er liebte Mädchen. Er hatte genug von den Damens! Ich hab mich heimlich durch die Gärten hingeschlichen, hintenherum. Das Wehr an der Ilm rauschte, da hat mich keiner gehört. Er sollte nicht ins Gerede kommen, und ich durfte auch nicht ins Gerede kommen. Aber die Weimarer! Da hat jeder drei Augen und drei Ohren! Als sie's rausgekriegt hatten, daß ich bei ihm war, Tag und Nacht, da hieß es, ich wär ein Geschöpf aus der Gosse. Ich wär eine Hure. Ich käm aus einer Pöbelfamilie. Mein Vater wäre ein Trinker.

Aber der Meinige hat mir einen Schlüssel gegeben und hat ›unser Häusgen‹ gesagt. Ich hab im Garten gehackt und gejätet und Wasser von der Ilm geholt und die Blumen gegossen, und die sind gewachsen und haben geduftet. Das war mir am liebsten, draußen bei den Blumen, die Dornen hatten und welk wurden, anders als die Seidenblumen, die ich bei Bertuch machen mußte für Damens wie Sie. Wir Mädchen waren stolz, wenn wir hörten, daß die Frau Oberstallmeisterin von Stein unsere Blumen an ihrem Busen trug, an ihrer ›imponierenden Büste‹, sagten wir dazu.

Wenn der Meinige nach Jena fuhr, für mehrere Tage, und ich war allein im Häusgen, dann hab ich mich nützlich gemacht, und wenn er zurückkam, war ich nicht verdrießlich und hab nicht gefragt wieso und woher. Dann hatten wir unser Hätschelstündchen, darauf war er so erpicht wie ich. Die Frau Rath in Frankfurt hat ihn ihren Hätschelhans genannt und hätscheln, das hatte er gern und ich auch. Und gelobt hat er mich, ohne meinen Namen zu nennen. Er hätt jetzt ein Haus und gut Essen und Trinken und dergleichen, und die Leut wußten, was er mit dergleichen meinte und tuschelten und keiften, und ich traute mich nicht auf die Straße. Aber er, er hat's als eine Gewissensehe angesehen, nur ohne Zeremonie. Er hatte ja noch nicht viele gute Ehen zu sehen

9

bekommen, in Weimar nicht und in Jena auch nicht. Keine, die ihm Lust gemacht hätte. Da war alles standesgemäß und reputierlich, und von Lust und Lachen war nichts. Ich hab nicht viel gelernt, nur daß ich lesen und schreiben konnt, aber ich hab meine Augen und Ohren aufgesperrt, und meine Gedanken sind hinter seinen Gedanken hergerannt und sind Kobolz geschossen und oft nicht angekommen. Er hat mir vorgelesen, was er geschrieben hat, nicht nur Ihnen, Madame, und manchmal tut er's heut noch. Ich hab zugehört und genickt und gelacht und losgeheult, wenn's traurig war. Und wenn's langweilig war, bin ich eingeschlafen. Ich war wie's Publikum. Und Sie waren seine Kritikerin. Zu Haus will einer nicht kritisiert werden, da will er geliebt und bewundert sein. Und geendet hat's meistens mit unserm Schlampampstündchen. Sie wissen nicht, was das ist? Hat's das mit dem Herrn Oberstallmeister nicht gegeben? Ich sag's Ihnen nicht! Jetzt brauchen Sie's auch nicht mehr zu wissen.

Was haben Sie denn Ihrer Dienstmagd gesagt, als Sie die Vulpiussen im Spion entdeckt haben? Für die Dame Vulpia bin ich nicht zu Hause? Ich bin unwohl? Unpäßlich? Wird Ihnen schlecht bei meinem Anblick? Es riecht hier säuerlich, Madame, schon auf der Stiege. Ungelüftet! Ich komm aus kleinen Verhältnissen, aus der Gosse, oder wie drücken Sie das aus? Aber jetzt hab ich's zu was gebracht, ohne daß ich drauf aus war. Es hat sich ergeben. Ich sag dem Kutscher: Fahr er mich zu der Frau Oberstallmeisterin von Stein! Er braucht nicht zu warten, wir haben miteinander zu reden, es wird dauern.

Jetzt seh ich's mit eigenen Augen. Sie leben ärmlich.

de Brant

Pauline Bosanya   m. Runge

                                        g. füeʃ Haus.

Die Dielen knarren. Keine Teppiche mehr, kein Kronleuchter. Aber eine silberne Schale für die Visitenkarten! Der Stuhl hat kein Polster. Und Sie sitzen am Fenster und gucken auf die Straße, was die Leut für Fehler machen, und mokieren sich. Sie sind ein Zugucker, aber ich mach überall mit, auch heut noch. Sie sind gekränkt, weil die Marodeure Ihnen alles zerschlagen und weggenommen haben. Wenn Krieg ist, passiert so was. Ich hab die Kerle rausgeworfen. Raus hier! hab ich geschrien, und das haben sie verstanden, auch wenn's nicht französisch war. Sie, Sie konnten doch parlieren! Oder wollten Sie sich mit dem ordinären Kriegsvolk nicht einlassen?

Bei Ihnen friert's mich, Madame! Vornehme Kühle und vornehme Blässe. Aber ich geh in die Sonne, weil ich's gern warm hab und bin braun wie die Frauen in Sizilien. Und wenn's regnet, wird's Haar kraus, ohne Brennschere, und geschnürt bin ich auch nicht, alles Natur, wie's der Meinige gern hat. Ich red, wie mir der Schnabel gewachsen ist. Ihm wär's recht, aber er sagt nicht ›Schnabel‹, er sagt ›dein Mäulgen‹. Ich hab keinen spitzen Schnabel und keine spitze Zunge, bei mir ist alles rund. Besser rundlich als runzlig. Und Grübchens! Er hat sie gezählt. Zwölf hat er gezählt. Ich sag Ihnen nicht wo alles. Ich sag ›Meiniger‹, das hat er immer gesagt, als mir noch Madame Vulpius und Sohn waren. Ich sag ›mir‹ — stört Sie das? Der Meinige war abhängig von mir und ich von ihm. Was ist denn Schöneres, als wenn einer den anderen braucht? Sie waren seine Seelenfreundin. Gut! Die Seele hätt ich Ihnen gegönnt, wenn's nur eine gute Seele gewesen wär! Erst waren Sie seine Lehrmeisterin, dann war ich's, nur bei mir hat er was anderes

13

gelernt. Sie waren sieben Jahre älter als er, ich war siebzehn Jahr jünger. Ich könnt Ihre Tochter sein, aber ich hätt's nicht wollen. Dann hätten Sie mich erzogen und gedrillt, und aus mir wär womöglich ein Hoffräulein geworden. Auf die Dauer konnt er eine edle Seele leichter entbehren. Ans warme Bett gewöhnt man sich. Ich war seine Wärmkruke.

Wie's so geht: ein Jahr, und ich kam nieder. ›Liebe bildete dich: werde dir Liebe zuteil‹, so hat er seinen Sohn begrüßt. Unser August! Unser Bübgen! Sie hätten sich doch mitfreuen können. Ein leiblicher Sohn von Johann Wolfgang von Goethe! Alle wußten es doch, und er hat's auch nie geleugnet. Und Ihrem Sohn Fritz war er doch wie ein Vater, hat ihn erzogen und gebildet. Und jetzt reden Sie schlecht von unserem August, er wär ein Trinker, wie seine Mutter.

Der Meinige hatte viele Pflichten am Hofe und Ämter und mußte oft weg, aber nach dem Bübgen und mir hat er sich immer gesehnt. Er hat uns Briefe geschrieben und Präsenter mitgebracht, damit ich mich putzen konnte wie die Damen in Weimar. Hauben und Seidenstoffe. Und wenn ich mich langgeweilt hab, bin ich ausgegangen. Er wollt nicht, daß ich gramselig war, und wenn ich merkte, daß ich's wurde, bin ich Tanzen gegangen und Weintrinken und Schlittschuhlaufen und Kartenspielen. Wenn er zurückkam, war ich so, wie er mich hat haben wollen, quirlig und lustig. Ich bin, wie ich bin, und er ist, wie er ist. Er wollt mich so, und ich wollt ihn so. Oft war ich richtig hasig, wie die Mädchen in Italien. Das ist, wenn man Lust auf einen Mann hat, Madame! Nicht auf irgendeinen. Auf den! Davon wird man dann leicht krabbskrallig. Und meine Krabbskralligkeit hat ihn jedesmal belebt. Er schrieb ein neues Werk, und ich machte auch was Neues. Mir ist's dann nicht mehr geraten. Egal, ob Sie wissen, was ich meine. Jetzt heul ich auch noch. Das könnt Ihnen so passen, die Frau Geheimrat von Goethe vergießt Tränen im Haus der Frau von Stein. Das ist ja zum Lachen! Bevor ich wein, lach ich lieber. Das war Gottes Strafe, haben Sie bei Hof gesagt, als mein Kind nur ein paar Tage gelebt hat, und eins hat nur ein paar Stunden geatmet. Und wenn Ihre Kinder tot auf die Welt gekommen sind, da war's dann Gottes unerforschlicher Wille. Sie legen alles aus, wie's Ihnen paßt.

Die Karaffe ist noch halbvoll. Ich hab noch einiges zum Sagen, Madame!

Seine Mutter, die Frau Rath in Frankfurt, hat mich ›liebe Freundin‹ genannt und auch ›liebe Tochter‹. Ich wär seine ›Gefährtin‹, hat sie gesagt, und das Wort trifft's genau, da steckt Gefahr drin. Gefahren werden! Meine Equipage! Das war ein Triumph, als er mir die Kutsche geschenkt hat und ich hab anspannen lassen und bin durch die Straßen gefahren. Da bewegten sich die Gardinen! Inzwischen wohnten wir im Jägerhaus. ›Eroticum‹ hat er's genannt, aber das durfte keiner hören. Eros in Weimar! Werden Sie rot, Madame? Wenn ihm unsere Gewissensehe genügte, und dem Herzog genügte es auch, dann konnte es mir auch genügen. Was hatte ich denn für eine Wahl? Wer hätte mich denn genommen? Ein Kanzleisekretär vielleicht. Besser die Freundin eines großen Mannes als die Frau eines kleinen. Wie der beste Hausvater hat er für uns gesorgt. Meine Tante, die mich großzog, hat er aufgenommen und meine Schwester auch, und um meinen Bruder hat er sich gekümmert wie ein Schwager, hat ihm eine Anstellung bei Hofe verschafft, und ein Testament hat er für mich und den August aufgesetzt, daß alles für uns sein sollte, wenn ihm mal was passieren tät.

Warum hassen Sie uns denn? Ich hab Ihnen doch nichts weggenommen. Was ich ihm gab, wollten Sie doch nicht hergeben, hatten's ja auch gar nicht. Wie jemand nach dem Abschied ist, daran erkennt man, was die Sache vorher wert war. Das weiß ich vom Garten: Es geht nichts auf, was man nicht gesät hat.

Erinnern Sie sich noch an den vierzehnten Oktober achtzehnhundertsechs? Die Kinder lernen das Datum jetzt in der Schule. Die Schlacht bei Jena! Als die französischen Soldaten am Frauenplan alles verwüsteten und ins Haus drangen und sich mit den blanken Säbeln auf den Meinigen stürzen wollten, da hab ich mich dazwischen geworfen. Die Männer waren besoffen. Ich hab ihnen ein paar Silberleuchter in den Arm gedrückt, und da sind sie abgezogen. Der Meinige sagt, er verdanke mir sein Leben, und seither gehörten wir erst recht zusammen, und er hätt jetzt Verantwortung für mich. Drei Tage später wurden wir getraut. Heimlich, haben Sie gesagt, und nur in der Sakristei, weil Goethe sich mit der Vulpiussen geniert hätte. Aber das ist nicht wahr. Im Hauptschiff der Kirche lagen die Verwundeten. Deshalb. Der Herr Oberkirchenrat hat uns persönlich kopuliert, und hernach war ich eine Exzellenz, und unser August durfte sich ›von Goethe‹ nennen. Und ich bekam meine Honneurs! Das Zähneknirschen der Weimarer hab ich hören können, wenn sie die Geheimrätin von Goethe empfangen mußten. Und ich hab trotzdem weiter Karten gespielt und bin allein ins Theater gegangen, aber in die Loge! Der Meinige hat mich nicht eingesperrt und ich hab ihn auch nicht. Jetzt frag ich Sie mal was: Hätt der Herr verstorbene Oberstallmeister Sie noch mal geheiratet, als er Sie schon zwanzig Jahre gehabt hatte?

Ich feire gern Feste und bin gern dabei, wenn's wo lustig hergeht, wie bei den Schauspielern. Sollen die Weimarer doch reden! Bei Ihnen hätt er seinen Prophetenmantel nicht tragen dürfen und seine weichen Schlappen auch nicht. Sie wollten einen Hofdichter aus ihm machen, mit Jabot und Perücke und mit gestickten Westgens. Wenn er seinen Katarrh hat und Fieber, dann mach ich ihm Wickel, und wenn er Schüttelfrost hat, zieh ich's Hemd aus. Nicht seines! Meines, Madame, und wärm ihn. Ich beherrsche das Versmaß des Hexameters so gut wie Sie, aber mir hat er's auf den nackten Rücken und aufs Hinterteil gezählt. Lang-kurz-kurz, lang-kurz-kurz. Skandieren nennt man das. Und mein Hinterteil nennt er Kallipigos. In Neapel hat er die Statue der Venus Kallipigos gesehen, die Venus mit dem schönen Hinterteil. Nach Ihrer Zeit, Madame! Wie hätte er denn von Ihnen loskommen sollen? Er mußte doch fliehen! Bis über die Alpen! Hat Ihnen keiner seine römischen Elegien zugesteckt? Heimlich? Hätte sich die Seelenfreundin vielleicht besudelt? Warum haben Sie ihm die römischen Mädchen nicht gegönnt? Ich gönn ihm seine Minchens. Ich nenn sie alle Minchens, ob sie nun Lilly oder Faustina oder Charlotte heißen. Er läßt mich tanzen, und ich laß ihm die Minchens. Wenn er nur jemanden hat, auf den er seinen Vers machen kann. Für die Mädchens ist er ein lieber alter Herr.

Er braucht Ruhe für seine Arbeit. Ich rumple und rumore, sagt er. Früher hat er's gern gehabt, als wir noch allein im Gartenhaus waren, aber jetzt ist das Haus voller Leute, Knechte und Mägde und Kutscher und ein Sekretär und alle die Besucher, die ihm ihre Aufwartung machen wollen. Das ist ein Gedrängel und Gewimmel, und darum fährt er oft weg. Wenn er wiederkommt, da ›wird ihm die Nacht zur schöneren Hälfte des Lebens‹, hat er mir geschrieben.

Ich wär Goethes ›dickere Hälfte‹ haben Sie gesagt. Sagt das eine edle Seele? Als Kind hab ich oft Hunger gehabt, und später hab ich viel runterschlucken müssen, und manches hab ich runtergespült, sonst wär es mir vielleicht hochgekommen, und ich hätt auf der Straße oder im Gasthof gesagt, was ich jetzt nur zu Ihnen sage. Sie haben eine schlanke Taille, Madame. Wie lange braucht denn Ihre Dienstmagd, bis sie das Mieder so stramm gezogen hat? Sie haben wohl auch bei Tisch keinen Spaß gehabt? Ich eß gern, und ich trink gern, was Gutes und nicht so eine billige süße Plempe. Aber ich mach die Karaffe trotzdem leer! Damit Sie Ihre Meinung nicht ändern müssen und damit Sie nicht lügen, wenn Sie überall erzählen, daß die Dame Vulpius die Karaffe leergetrunken hat und Ihnen ihr Herz ausschütten mußte. Ich hab Schmerzen im Leib, von den Nieren, vielleicht ist es auch die Galle. Es tut mir wohl, mal alles auszusprechen. Goethe wär sinnlich geworden durch mich, haben Sie behauptet, als wär das was Schlimmes, als wär er nun nicht mehr der große Dichterfürst von Weimar. Ich hab Schmerzen, Madame, Koliken und Krämpfe. Der Schmerz macht die einen dünn und die anderen macht er dick.

Ich bin fünfzig, Sie sind sieben Jahre älter als der Meinige, dann sind Sie jetzt - egal, alte Frauen sind wir beide. Ich war nicht schön, vor den Schönen muß man sich in acht nehmen, die gibt's nur in Büchern und auf der Bühne. Ich war nur hübsch. Für ihn war ich ein hübsches Mädchen mit schwarzen Augen und Locken und Grübchens. Ich hab immer weite Röcke angehabt, ich hab mich nicht eingeschnürt, ich spar nicht. Ich hab's hergegeben. Aber an mich rangekommen ist keiner, außer dem Meinigen. Auf Ehr! Ich hab auch eine Ehr, nur eine andere. Als ich das gehört hab, das von der ›wildgewordenen Blutwurst‹, da hab ich Krämpfe gekriegt. Ich hätt die Frau von Arnim, die Bettina, gebissen, haben die Leute gesagt. Dabei hab ich sie nur gepackt und rausgeworfen, weil sie ihn belästigt hat. Stammt die wildgewordene Blutwurst auch von Ihnen? Unsere gute Thüringische Blutwurst!

So, Madame! Die Karaffe ist leer, und ich bin voll. Ich trink wegen der Schmerzen, dann geht's für eine Weile, und ich mach ein lustiges Gesicht. Der schweflige Brunnen in Berka hilft nicht, aber ein Glas Punsch, das hilft, das ist meine Medizin.

Sie hätten mich empfangen dürfen, Frau Oberstallmeisterin! Ich bin schließlich hoffähig. Ich hab vor der Herzogin meinen Knicks machen dürfen. Der Herzog hat mich zum Tanz aufgefordert, und ich hab ihn gedreht wie meine anderen Tänzer. Wenn die Madame Schopenhauer der frischgebackenen Christiane von Goethe eine Tasse Tee anbieten konnte, dann darf Ihnen doch Ihr Portwein nicht zu schade sein. Ich werde Ihnen ein Kistchen von unserem Samos schicken lassen.

Wenn du geredet hättest, Desdemona

Die letzte Viertelstunde
im Schlafgemach des Feldherrn Othello

Schweig und sei still! hast du gesagt.
Nein, Othello, nein! Ich werde nicht schweigen. Hier,
in unserem Schlafgemach, habe ich mitzureden. Willst
du aus unserem Liebeslager ein Schlachtfeld machen?
Muß denn alles blutig enden? Du bist ein Feldherr.
Willst du jetzt zum Mörder werden? Leg den Dolch
weg, Othello! Rühr mich nicht an! Soll das deine letzte
Heldentat sein? Die Frau umzubringen, die dich liebt
und die dir treu war vom ersten bis zum letzten Atem-
zug? Eine Frau, die sich nicht wehrt? Töten kannst du
mich auch noch in einer Viertelstunde. Dieses Viertel
einer Stunde bitte ich mir aus. Ich habe dir mein ganzes
Leben anvertraut, Othello, sei jetzt nicht geizig, mach
mir eine Viertelstunde zum Geschenk.
Du hast die Wange, die du so oft mit Küssen bedeck-
test, geschlagen. Du hast einer Venezianerin ins
Gesicht geschlagen. Wer bist du, daß du das tun darfst?
Hast du nur Hände? Denkst und fühlst du nur mit deinen Händen? Jetzt ballst du sie zu Fäusten. Sind das
dieselben Hände, die meinen Nacken zärtlich umfaß-
ten? Ich beschwöre dich, Othello, schick deine Kraft
zurück in dein Herz und in deinen Kopf. Mit Fäusten
kann man nichts erreichen, auch ein Feldherr nicht.
Sitzt denn in diesem großen schönen Kopf so wenig
Verstand? In diesem schönen großen Leib so ein kleines
Herz?
Du glaubst einem Fetzen Stoff, den man benutzt, die
Nase drin zu schneuzen, die Stirn zu trocknen oder

21

auch die Tränen abzuwischen. Habe ich einen Stoffhändler zum Mann, einen Leineweber? Dein Vater gab das Tüchlein deiner Mutter. Und du gabst es mir als Brautgeschenk, es war nicht eben viel, was du zu geben hattest. Ich war verwöhnt, Othello. Aber ich habe das Tüchlein aufbewahrt und es mit nach Zypern genommen. Hätte ich es sorgsamer verwahren sollen? Hätte ich ahnen können, daß man es mir entwenden würde? Daß ich von Dieben umgeben bin in deinem Haus? Hätte ich wissen müssen, daß du dies Liebespfand gegen mich ausspielen würdest? Ich war gutgläubig, Othello, war vertrauensselig! Ich ahnte nicht, daß ein Stück Stoff genügen würde, mich der Untreue zu beschuldigen. Mich, Desdemona! Wäre ich schuldig, würde mein Tod deine Eifersucht nicht lindern, bin ich aber unschuldig, fällt alle Schuld auf dich, du wirst nicht weiterleben können, auch nicht wollen. Ach, hätte mein Vater mich in Ketten gelegt, hätte er mich hinter Gittern eingesperrt. Aber ich hätte die Ketten gesprengt und mit meinen Händen die Gitter auseinandergebogen, um dem zu folgen, den ich liebte. Ich war geblendet vom Weiß deiner Augäpfel. Deine Haut war braun wie Muskat, keiner, den ich je zuvor gesehen hatte, war dir ähnlich. Neben dir wurden alle Venezianer blaß und kränklich.

Als du mir — zum erstenmal! — von deinen Heldentaten berichtetest, habe ich geseufzt und auch geweint. Ich habe dich bewundert und bedauert und beneidet. Mein Herz war angefüllt von Mitleid, aber auch von Neid. Damals wünschte ich ein Mann zu sein und mich herumzuschlagen mit allen Feinden Veneziens. Doch ich war nur ein Mädchen von guter Herkunft und Erziehung, ausgestattet mit Sanftmut und Schönheit.

Du warst ein Fremder, schienst ein Held zu sein. Habe ich dir nicht genug Beweise meiner Liebe gegeben? Wenn du behauptest, Desdemona war untreu, dann beleidigst du den, den sie liebt. Glaubst du, du wärest durch einen Mann wie Cassio zu ersetzen? Kennst du deinen Wert nicht, Othello? Hat mein Bekenntnis zu dir dich nicht wertvoller gemacht? Konntest du nicht an jedem Morgen sagen: Desdemona liebt mich! Desdemona achtet mich! Die Tochter des Brabantino, eines venezianischen Senators! Habe ich meine Liebe zu dir nicht in aller Offenheit bekannt? Vorm Herzog des Staates Venezia! Bin ich nicht mit dir gezogen in dieses ferne Land, fort von Venedig, fort von den Gespielinnen, fort von meinem Vater, der mir nun zürnt? Oder willst du den bösen Schwur meines Vaters wahrmachen, ich hätte ihn betrogen und so würd's auch dir ergehen?

Sag jetzt nichts! Laß mich zu Ende reden. Hätte ich dich fester umarmen sollen? Dir jeden Abend aufs neue sagen: Du bist es, den Desdemona liebt? Sie liebt deine dunkle Haut, die braun ist wie der nasse Sand am Strand von Zypern. Hätte ich flüstern sollen, wie Kurtisanen flüstern? Man hat mich nicht gelehrt, über meine Gefühle zu sprechen. Eine Frau soll zurückhaltend und verschwiegen sein. Wie dumm das ist! Wie tödlich kann das enden! Hätte ich jeden Tag aufs neue deine Heldentaten rühmen sollen? Dir die Schlachtennamen aufsagen? Ich hatte einen starken Mann gewählt, und jetzt bist du so schwach, Othello. Mein Herz ist angefüllt von Mitleid. Ich beneide dich nicht mehr.

Du spreizt die Finger? Willst du mein Mitleid nicht? Bleib, wo du bist! Keinen Schritt weiter! Willst du mich erwürgen? Ich werde nicht um Hilfe schrein. Aber ich werde lauter sprechen, denn du scheinst taub zu sein. Jeder darf hören, was ich dir zu sagen habe. Oder hörst du nur auf das, war andere dir einflüstern? Warum fragst du nicht frei heraus? Man spricht nicht über jemanden, man spricht mit ihm! Statt mit deinem Gegner zu sprechen — und jetzt bin ich dein Gegner —, greifst du zur Waffe. Du glaubst jedem, wenn er nur flüstert, auf der Stiege, in den Gassen. Frag doch meine Kammerfrau, ob sie vielleicht das Tuch dem Cassio zugesteckt hat, sie ist doch Jagos Frau. Hat dieser Cassio nur ein einziges Mal meinen Namen genannt? In ungebührlichem Zusammenhang? Denk nach, Othello, es sind noch zehn Minuten, frag deinen Kopf. Und frag dein Herz. Vielleicht ist alles nur das Werk des Jago, der eifersüchtig ist auf deine Macht und auf dein Glück. Von allem Anfang an hat er Böses gestiftet. Besitzt du keine Menschenkenntnis? Bist du ein Tor an Reinheit? Jago hat aus dem braven Cassio — doch! brav ist er und war dir treu ergeben, und sein Schätzchen ist eine gewisse Bianca, das weiß hier jeder, außer dir. Warum hast du ihn nicht von Mann zu Mann gefragt? Jago hat ihn zum Trinker gemacht. Jago ist rascher als du, und er ist klüger, wenn Verschlagenheit denn Klugsein heißt. Er haßt dich, und er haßte Cassio, dem du den Vorzug gibst. Daß er auch mich haßt, habe ich nicht gewußt. Er erkennt die Schwächen der anderen und nutzt sie aus. Cassios Schwäche war der Wein, deine Schwäche ist die Eifersucht. Doch, Othello, Eifersucht ist Schwäche. Und meine Schwäche war, daß ich auf unsere Liebe baute. Othello und Desdemona, die großen Liebenden! Das war mein Ehrgeiz, meine Eitelkeit. Die weiße Desdemona und ihr schwarzer Othello. Ich war eingebildet, ich hielt mir was darauf zugute, diesem Fremdling meine Liebe geschenkt zu haben, über alle Schranken, alle Meere hinweg. Der ruhmreiche Feldherr Othello wird von Venedigs Herzog nach Zypern geschickt, um die Insel und den Staat Venezia vor den Türken zu schützen, und die mutige Desdemona erbittet vom Herzog die Erlaubnis, mit ihm ziehn zu dürfen, wie eine Kurtisane. Es war auch Eitelkeit dabei, ich gestehe es, nicht nur Liebe. Und da liegt meine Schwäche, meine Schuld. Unsere schrankenlose Liebe muß sich jetzt beweisen. Ich frage dich: Willst du als Mörder in die Geschichte eingehn? Weißt du, was dich erwartet? Der Herzog wird dich nach Venedig rufen und vor ein Gericht stellen, falls die Häscher meines Vaters mich nicht vorher rächen.

Wenn du taub bist, Othello, wenn du meine Worte nicht verstehst und nicht die Sprache meiner Augen, verstehst du dann die Sprache meiner Hände noch? Laß meine Finger mit deinen Fingern reden, meine Lippen mit deinen Lippen. Wenn du den Worten nicht mehr glaubst, glaub an die Wahrheit meiner Blicke, meiner Hände, meiner Schultern.

Man sagt, daß der, der mehr liebt, auch mehr leidet. Liebte ich dich noch zu wenig? Steht darauf denn die Todesstrafe? Wer richtet? Wer bist du, daß du richten darfst? Du hast gefragt, ob ich mein Abendgebet schon gesprochen hätte. Ja, Othello, ich habe wie an jedem Abend das Vaterunser aufgesagt. Wie oft habe ich es nur gedankenlos geplappert und nicht geahnt, daß ich der Hilfe einmal so bedürftig sein würde. In allen Gefahren wird Othello mich beschützen, das war mein Trost. Mein Vater auf Erden hat mich deinetwegen

27

verstoßen. Du kennst unsere christlichen Gebete nicht. Ich habe in meiner Welt gelebt und du in deiner. Keiner hat dem anderen Zutritt gewährt, keiner hat an die Tür des anderen gepocht. Aber ich habe an jedem Abend gebetet: Beschütze Othello! Es klang wie ein Befehl an meinen Gott. Ich hätte mit dir beten sollen, beschütze uns beide! Ich hätte dich unsere Gebete lehren sollen. Wir beten: Herr, Dein Wille geschehe! Kann es denn Gottes Wille sein, daß der mich tötet, der mich über alles liebt? Du warst überlebensgroß für mich, größer als alle anderen Menschen. Ich hatte dich auf ein Podest gestellt und einen Helden, einen Gott aus dir gemacht.

Die Zornesröte ist aus deinem Gesicht gewichen, Othello, du bist blaß geworden unter deiner dunklen Haut. Du bist ein Mann wie andere Männer auch. Du bist verletzlich, und ich weine, weil ich schuld bin, daß du als ein Verletzter vor mir stehst. Aber mach dich nun nicht kleiner! Ich sehe, daß auch deine Augen glänzen. Meine Zeit ist um, Othello. Leg deine schweren Hände zum letztenmal um meinen Hals.

Jetzt habe ich kein Tuch für meine Tränen, leih mir deines, du hast es oft getan. Hast du kein Taschentuch in deiner Jacke? Wie das, Othello? Habe ich dir nicht so manches Tuch gesäumt und schön bestickt? Ich wählte Seide, manches Mal Batist, ich hatte so viel Zeit, an dich zu denken, wenn du fort warst. Wo sind all die kleinen Tücher hin? Es waren Pfänder meiner Liebe. Sag! Wo hast du sie verloren? Wem hast du sie geschenkt? Bleib ruhig, bleib ganz ruhig, soviel Zeit wird sein, bis du in allen deinen Taschen nachgesehen hast. Die Hosentaschen, such, such, Othello! Vielleicht hast du — es kann doch sein! — jemandem zugewinkt? Hast Tränen auf zarten Wangen trocknen müssen, und das Tuch blieb liegen? Wie rasch so kleine Tücher doch verlorengehn. Soll ich dir suchen helfen? Halt still! Laß mich in die Innentasche deiner Jacke greifen. Du bist noch immer kitzlig, Othello? Wie mächtig dein Herz schlägt und wie warm! Es rinnen Tropfen über deine Brust. Dein ganzer Körper weint. Erinnerst du dich an unseren ersten Abend in Venedig? Als ich dir das Wams aufknöpfte und du kein Hemd darunter trugst und ich den großen schwarzen Leib — und wie ich, die keine nackte Männerbrust bisher gesehen, erschrak und lachen mußte vor Freude, daß das alles mir gehören sollte, und wie wir dann — Othello, erinnerst du dich? Ich erröte, wenn ich nur daran denke, wie du, wie ich, wie wir, Othello, du bist schon wieder nackt unter deinem Wams!

Jetzt müssen wir beide lachen.

Othello!

Bist du sicher, Martinus?

Die Tischreden der Katharina Luther,
geborene von Bora

Du hast heute bei Tisch gesagt, Martinus, wenn du
noch mal freien würdest, dann wolltest du dir ein
Weib aus Stein hauen, sonst müßtest du am Gehorsam
aller Weiber verzweifeln. Hatte es mit den Gelübden
nicht ein Ende, als ich das Kloster verließ? Armut.
Gehorsam. Keuschheit. Der Reihe nach.
Für Armut ist gesorgt. Zähl die Häupter an deinem
Tisch! Ich zähle jedesmal, wenn wir uns setzen, die
Mäuler, die alle zu essen haben wollen. Elf verwaiste
Kinder aus der Verwandtschaft, dazu unsere eigenen
fünf, macht sechzehn Kinder, drei Witwen und die
Scholaren, die sich bei uns durchessen und dazu das
Gesinde, da läßt sich Armut jeden Tag aufs neue her-
stellen. Du redest mich mit Domina an! Als ob ich die-
ses Haus wie eine Äbtissin regierte! Zwanzig brave
Nönnlein, die wenig essen und viel beten, wären eine
Kleinigkeit! Statt dessen sorge ich für vierzig und
fünfzig Leute, als hätten wir eine ›Herberge zum
geduldigen Lamm‹ im alten Augustinerkloster zu
Wittenberg. Hier ist gut und billig wohnen, und eine
Ehre ist es außerdem.
Was nun den Gehorsam angeht! Bist du mein Abt?
Bist du mein Beichtvater? Oder bist du mein Mann?
Warum sagst du immer: ›Das Weib sei dem Manne
gehorsam!‹ Dich erfrischt ein kräftiger Zorn? Mich
auch! ›Zürnet und sündiget nicht! Lasset die Sonne
nicht über eurem Zorn untergehen!‹ steht Epheser
vier. Die Sonne geht in wenigen Minuten unter, Mar-

tinus. Ich brauche eine weitere Bitte im Vaterunser. Ich bete jeden Morgen, meinen täglichen guten Willen gib mir heute! Aber er reicht nicht an jedem Tag bis zum Abend. Warum muß nicht auch der Mann der Frau gehorchen? Steht im Epheserbrief nicht auch, daß eines dem anderen dienen solle? In deiner Übersetzung heißt es anders, ich weiß. Gehorchen wir denn nicht auch den Kindern, indem wir ihre Wünsche erfüllen? Haben mich die Kinder denn nicht erzogen? Habe ich sie nicht an die Brust gelegt, wenn sie es verlangten? Habe ich sie nicht in den Armen gewiegt, wenn sie weinten? Ich habe ihnen gehorcht. So dient doch alles einander. Zuerst bin ich es, die hinter dem Küchlein herläuft, aber am Ende dient das Huhn uns und macht uns satt, wenn es gebraten auf dem Tisch steht. Wenn du Geduld brauchst, um mit mir zu leben, ich brauche ebenfalls Geduld, um mit dir zu leben. Ich lebe mit dem Prediger Luther zusammen. Und ich wollte, es gäbe nicht nur die Lehren des weisen Predigers Salomo, sondern auch die Anweisungen seiner Frau, nach denen ich mich richten könnte.

Und jetzt komme ich zum Gelübde Keuschheit. Du bist ein Mönch geblieben, und ich bin eine Nonne geblieben. Wir sind von gleicher Herkunft, Martin. Bei jedem Beischlaf hast du gesagt: ›Sie sollen sein ein Fleisch!‹ Aber geglaubt hast du es nicht, und ich habe es auch nicht geglaubt. Unsere Lust haben wir nicht aneinander gehabt, und wenn sie in uns aufgestiegen ist, haben wir uns geschämt wie Adam und Eva nach der Vertreibung aus dem Paradies. Ich weiß so gut wie du, was noch im Epheserbrief steht: ›Ein jeglicher habe lieb sein Weib als sich selbst, das Weib aber fürchte den Mann.‹ Aber ich will und werde mich nicht vor meinem eigenen Mann fürchten, auch wenn er der berühmte Martin Luther ist. Es ist schwer genug, dich immer zu lieben, und es wird dir schwer genug, mich zu lieben und zu ertragen, aber verlange nicht auch noch Gehorsam! Ich tue meine Sache, so gut wie ich's vermag, und du tust deine Sache, und dann haben wir noch eine gemeinsame Sache, und das ist Gottes Sache. Ihm bin ich gehorsam und ihn fürchte ich. Wenn Gott mir gnädig sein wird dermaleinst, wirst du es jetzt auch sein können!

Nun ist es heraus. Nun ist mir wohler. Ich hole uns einen Krug Bier, und den werden wir in unserer Schlafkammer trinken, und keiner wird aufschreiben, was wir uns vorm Einschlafen noch sagen. Und morgen früh wirst du mich, so Gott will, wieder deinen lieben Morgenstern nennen und wirst dich nicht wundern und nicht schämen, daß zwei schwarze Zöpfe neben dir auf dem Kissen liegen.

Bist du sicher, Martinus? Wieso sollten wir Frieden nicht schon zu Lebzeiten finden, sondern erst im Grabe? Kann man denn Frieden finden wie man Pilze im Wald findet und wilde Beeren oder einen verlorenen Schuh? Frieden muß man machen, so wie wir beide das an jedem Abend tun. Machen und halten. Um Frieden muß man kämpfen und ringen! Stiften muß man den Frieden! Wenn Frieden in jedem einzelnen Haus ist, ist Frieden im ganzen Land. Aber das ist das Schlimme: Nichts ist ein für allemal. Jeden Morgen fangen wir neu an mit unseren guten Vorsätzen, und dann reichen sie doch wieder nicht bis zum Abend.

Nun, da Ihr das Dankgebet gesprochen habt, Martinus, melde ich mich zu Wort. Du hast vor Tisch gebetet: ›Komm, Herr Jesus, sei du unser Gast, und segne, was du uns bescheret hast!‹ Wir haben heute am Ende des Tisches aber einen Ungläubigen sitzen, der im ganzen Land verbreiten wird, wie es im Hause des Doktor Luther zu Wittenberg hergeht. Er hat eifrig mitgeschrieben, was Ihr gesagt habt. Du hättest das Tischgebet abwandeln sollen und für diesmal bitten: ›Und segne, den du uns bescheret hast!‹ Und wenn ich das Dankgebet gesprochen hätte, dann hätte ich nicht nur Gott gedankt, sondern ich hätte auch dem Hannes gedankt, der das Holz geschlagen hat, damit wir feuern konnten, und dem Mariechen, das mir beim Krauthobeln geholfen hat, und dem Bauern Pflock, der geschlachtet und uns einen Eimer mit Wurstsuppe ins Haus gebracht hat, und vielleicht hättest du auch einmal deiner Katharina danken können, daß sie heute wie an jedem Tag dafür gesorgt hat, daß alle satt werden!

Was hast du da nun wieder vor achtzig offenen Ohren behauptet, Doctorus? Ich hätte einen frommen Mann, ich sei eine Kaiserin und solle Gott dafür danken? Und ich sage: Du hast eine fromme Frau, Martinus, du bist ein Kaiser, danke Gott dafür! Und jetzt lachen deine Studiosi und notieren nur, daß ich einen Kaiser zum Mann habe. So geht es zu im Hause Luther!

Ich habe keine Wahl gehabt, Martinus. Du warst der erste und bist der beste erst geworden. Eine entlaufene Nonne, schon vierundzwanzig Jahre alt, keine

Schönheit, arm war ich auch. Die einzige kleine Mitgift hatte das Kloster bekommen und eine tüchtige Hausfrau war ich damals ebenfalls noch nicht. Du hast ein gutes Werk an mir getan. Das weiß ich. Aber habe ich nicht im Laufe der Jahre auch manch gutes Werk an dir getan? Auf einem Strohsack hast du geschlafen, der nur einmal im Jahr aufgeschüttelt wurde. Und du hast gesagt, daß die Begierde wie Flöhe und Läuse über dich gekommen sei, und nun lebst du doch schon manches Jahr in häuslicher Ordnung. Ich versuche, ein Gott wohlgefälliges Leben zu führen, aber manchmal scheint mir das leichter zu sein als ein dir wohlgefälliges Leben zu führen. Ich bin eine helle Sächsin, das hast du gewußt, und ich bin nicht auf den Mund gefallen. Aber halte ich nicht immer zu dir? Aus unserer Schlafkammer dringt nichts nach draußen. In all diesen Ehejahren habe ich etwas gelernt: Wenn du kleinmütig bist, kann ich deine wahre Größe erkennen, aber wenn du ins Übermenschliche hinauswächst, dann kann ich dich auch wieder verkleinern. Ich habe nicht das Maß aller Dinge in mir, aber ich habe das Maß für Martin Luther in mir.

Und nun sieh dir an, wie Cranach uns gemalt hat! Dich hat er größer und mächtiger gemalt, als du bist, und mich hat er dürftiger gemalt, als ich bin. Da sieht man es wieder, werden später die Leute sagen, in einer Ehe kann immer nur einer gedeihen, und bei Luthers in Wittenberg ist er schwer und feist geworden, und sie ist ein abgerackertes Weib. So schräg stehen meine Augen nicht, und so hoch sind meine Backenknochen nicht, und mein Haar ist nicht mehr so schwarz, wie er's gemalt hat. Statt daß sich die Leute nun selbst ein

Bild von uns machen, sehen sie uns, wie dieser Cranach uns gesehen hat.

Ihr seid unlustig, Martinus! Es ist noch nicht eine Woche her, da habt Ihr uns bei Tisch erklärt, daß nach dem Gesetz des Moses die Traurigen nicht zum Altar und zum Opfer zugelassen würden. Ich habe Euch einen Tee zubereitet, der ist gut gegen die Unlust. Achillea Millefolium, die gemeine Schafgarbe, sie wächst im alten Graben hinter der Mauer, ich habe sie in Rotwein gesiedet, und nun trink, solange der Trunk warm ist, damit deine Unlust uns nicht alle ansteckt. Die schlimmste Krankheit ist die Unlust, und ich dulde sie nicht unter unserem Dach. Da schreibst du nun deine Kirchenlieder: ›Nun freut euch, lieben Christengmein, und laßt uns fröhlich springen . . .‹ Trink! Freu dich! Spring fröhlich! Du wirst dick, du frißt zuviel in dich hinein. Alle deine Plagen schiebst du auf den Teufel, aber heute mittag hast du einfach zuviel vom Kohl gegessen! Muß ich dich an deinen eigenen Sermon erinnern? Hast du uns nicht neulich erst eines deiner schönen Gleichnisse bei Tisch erzählt, wo ein alter weiser Mann einem jungen Mann sagt: ›Du kannst nicht wehren, daß die Vögel hin und her in der Luft fliegen, aber daß sie dir im Haare nisten, das kannst du ihnen wohl verwehren.‹ Ich mag's nicht leiden, daß mein Gemahl was anderes lebt, als er schreibt. Der Widersacher des Teufels ist die Freude und die Zuversicht. Den Teufel treibt man mit Lachen aus dem Haus. Trink, Martinus! Und nun hadere nicht länger mit deinem Gott! Er ist es gewohnt, daß man mit ihm hadert, Hauptsache, er hadert nicht mit dir!

36

Merkst du überhaupt, was du da zu dir nimmst, Martinus? Ich stelle einen Topf Gänseklein vor dich hin, und während du löffelst, sagst du, daß der Esel, dem man Rosmarin zum Fressen vorgeworfen habe, glaubt, er fresse Heu! Was glaubst du denn, das du ißt? Grütze? Und dann hast du außerdem behauptet, daß die Bösen die Güter unseres Herrgotts am besten genössen, denn die Tyrannen hätten die Gewalt, die Bauern hätten Käse, Eier, Butter, Korn, Gerste und noch manches mehr, nur die Christen müßten im Turm sitzen, und nicht der Mond und nicht die Sonne schienen auf sie. Blick aus dem Fenster! Scheint die Sonne nicht auf uns? Haben wir nicht unsere Gerste auf dem Teller? Hast du nicht mehr, als du begehrst? Hast du nicht, was anderen mangelt? Deinen Glauben und deinen Trost dazu? Klag nicht, Martinus! Mach die Leute nicht unzufriedener, als sie sind. Neidest du der Obrigkeit die Gewalt? Hast du nicht mehr Gewalt, als du je haben wolltest? Tun die Leute nicht, als müßten sie die Gebote des Doktor Martin Luther aus Wittenberg erfüllen? Stöhnen die Schulkinder denn nicht, weil sie deinen Katechismus auswendig lernen müssen? Du bist selbst ein Stück Obrigkeit, und wenn in den Kirchen für die Obrigkeit gebetet wird, weil ihr Stand ihnen höhere Pflichten auferlegt als den Untergebenen, die nur gehorchen müssen, dann wird der eine oder andere vielleicht auch dich in sein Gebet einschließen, und etwas Besseres gibt es doch nicht, als daß ein anderer für einen betet!

Ach, Doctorus, was bist du doch für ein weiser Mann! Der Mensch sei von Natur aus ein Nachbedenker und kein Vorbedenker, sagst du. Wir würden nur durch Schaden klug und müßten viel Lehrgeld geben. Du hast ›Mensch‹ gesagt, aber du hast ›Mann‹ gemeint. Frauen sind anders. Sie blicken voraus und weniger zurück. Gott hat uns die Augen vorn angebracht, damit wir nach vorn blicken und nicht nach hinten. Du wirst aus Schaden klüger und ich aus Vorsicht. Was sind wir beide doch für kluge Leute!

Das war das liebste und beste, Martinus, was du je über unsere Ehe gesagt hast. Sie sei keusch und stehe über jedem Zölibat. Wir kennen beides: wenn man allein mit seinen Begierden in der Zelle liegt und wenn man nebeneinander liegt und Begierde sich in Liebe wandelt. Aber was du bei der Suppe gesagt hast, das war so nicht richtig. Eine Ehebrecherin bringe einen fremden Erben ins Haus, hast du gesagt. Du siehst die Sache nur juristisch. Auch der Bankert ist ein Kind Gottes und darf für die Sünde, die seine Mutter begangen hat, nicht bestraft werden. Die Leute richten sich nach dem, was du sagst, und sie richten sich nach dem, was wir ihnen vorleben. Und wenn sie morgen aus deinem Munde hören, was ich heute zu dir gesagt habe, dann soll es mich nicht kränken. Sind wir ein Fleisch, dann wollen wir auch ein Geist sein.

Ich nehme Euch beim Wort, Martinus! Ihr habt gerade eine Stelle aus Jesus Sirach zitiert: ›Wer den Kopf verschmäht, dem wird das Huhn nicht zuteil.‹ Hier habt Ihr den Kopf, und nun verschmäht ihn auch nicht! Das Weiße von der Brust bekommen heute die Herren Studiosi, weil sie so fleißig mitgeschrieben

haben, was der berühmte Doktor Luther bei Tisch wieder alles gesagt hat. Zum Beispiel: Gott habe den Menschen zur Geselligkeit und nicht zur Einsamkeit geschaffen. Deshalb gäbe es Männlein und Weiblein. Aber dann säßen Martinus und Katharina Luther allein an Eurem Tische. Und wie viele sind es heute? Ich zähle siebenunddreißig. An ›meinem‹ Tisch, habt Ihr gesagt, aber ist es denn nicht in Wahrheit ›unser‹ Tisch, an dem wir uns zusammensetzen und essen? Ihr habt auch ›mein‹ Söhnchen gesagt, aber ist es denn nicht auch mein Sohn? Müßtet Ihr nicht ›unser‹ Sohn sagen? Vorhin habt Ihr wieder ›mein‹ Gott gesagt, Ihr habt einen persönlichen Gott, das sei Euch zugestanden, aber hier, an diesem Tisch, da ist es unser aller Gott, und es ist unser aller Herr Jesus Christus, den wir einladen, an unserem Tisch Platz zu nehmen. Es ist nun aber nicht so, als ob Ihr nicht auch einmal ›wir‹ sagtet. Käthe, wir müssen mal wieder Bier brauen! Käthe, wir müssen das Dach ausbessern! Wir müssen, das soll heißen: Tu du's, Katharina, sorg dich, Katharina, brau das Bier, laß das Dach flicken! Und jetzt lacht Ihr, Martinus, und jetzt legst du deine Hand auf meine Hand, und unsere beiden Hände liegen auf unserem Tisch!

Habt ihr das alles notiert, ihr Scholaren? Oder könnt ihr nur die lateinische Schnellschrift? Und könnt das Sächsische nicht so schnell schreiben, wie ich's sprechen kann? Wird also niemand davon erfahren, wie es mit den besitzanzeigenden Fürwörtern im Hause des Doktor Martin Luther zuging? Da schreibt ihr euch nun die Finger wund und schreibt Wort für Wort auf, was der große Reformator bei Tische sagt. Nächstens schleicht ihr euch auch noch in unsere Schlafkammer, und dann wird er in seiner Gutmütigkeit sagen: ›Legen wir uns ein wenig enger, Katharina, dann haben alle Platz auf unserem Lager!‹

Er redet nämlich mit mir, bevor er einschläft, und wenn er träumt, dann redet er sogar mit dem Teufel. Mit Gott redet er am Tage. Und wenn er schwere Träume hat und stöhnt, daß das Gebälk erzittert, dann packe ich ihn bei den Schultern und rüttle ihn und stehe ihm bei in seinem Kampf. Und wenn wir erwachen, dann reden wir ebenfalls miteinander.

Was ist? Notiert ihr nicht, was Katharina von Bora sagt? Sie war einige Jahre lang eine Braut Christi, sie fühlte sich wie eine der klugen Jungfrauen, die auf den Bräutigam warten, und sie wäre heute wohl Äbtissin bei den Zisterzienserinnen.

Jetzt starrt ihr mich an! Wenn ihr nicht schreibt, dann eßt! Greift zu! Eßt euch noch einmal satt. Heute steht das letzte Huhn auf dem Tisch. Die Fässer mit dem Geselchten sind leer. Es ist gut eingerichtet, daß die Fastenzeit ins frühe Jahr fällt, wo nichts im Garten wächst. Wenn die Würste gegessen sind. Im Sommer und Herbst, wenn alles reift und geerntet wird, da hätte keiner von euch das Fasten eingehalten. Vor leeren Tischen ist gut fasten. Und Ostern legen die Hennen ja auch wieder, da sprießt der Kohl noch mal, da werden die Zicklein geboren. Bis dahin − kein Bier! Ab morgen trinken wir Kräutertee, der wird bis Ostern reichen und euch Leib und Seele reinigen und nüchtern halten.

Mit der Linken eßt ihr, was ich mit den Mägden gekocht habe, und mit der Rechten schreibt ihr auf, was Doktor Luther an Weisheiten von sich gibt, und dann lauft ihr zu den Verlegern und zu den Druckern und macht zu Geld, was doch von Luther stammt, und er selber nimmt keinen Heller Honorar für seine Bücher und Schriften. Ist es dann nicht recht und billig, daß ihr ein kleines Kostgeld zahlt, wenn ihr euch doppelt an unserem Tische nährt? Von Luthers theologischen Künsten und von meinen Kochkünsten?

Warum eßt Ihr nicht, Martinus? Warum redet Ihr ohne Unterlaß? Die Herren Studiosi und Scholaren sehen und schmecken nicht, was ich auf den Tisch bringe. Sie hängen dir am Maul!
Seht ihn euch an, den großen Reformator! Jetzt hält er die Hand vors Gesicht und spreizt die Finger. Damit läßt er mich wissen: Regieren heißt, durch die Finger sehen, wer das nicht kann, der weiß nicht zu regieren. Das soll bedeuten: Sei nachsichtig mit ihnen, Katharina! Aber das muß nun aus mir raus: Die Wittenberger wollen den Ruhm und die Ehre haben, die Lutherstadt zu heißen, aber wert ist es ihnen nichts. Und eines Tages werden wir auch noch den letzten Silberbecher verpfänden müssen. Vom Ruhm wird keiner satt. Meint ihr denn, es käme mir nicht vor Augen, was ihr so schreibt? Katharina Luther wäre die ›Regentin im Himmel und auf Erden‹, habt ihr die Leute wissen lassen. Wenn Doctorus Luther und seine Frau einmal uneins waren, dann haben es alle erfahren. Aber in unserer Bettstatt, da sind wir eins. Da sei Gott vor!
Und nun sprich das Dankgebet, Martinus, damit ich die Tafel aufheben kann.

Sieh dir bloß diese ungläubigen Gesichter an, Martinus! Jetzt hast du ihnen zum fünftenmal gesagt, daß

das Geld eine unfruchtbare Sache sei. Warum nimmst du nicht eine Handvoll Münzen und gehst in den Garten und steckst alle in die Erde? Dann werden sie sehen, was aufgeht und was nicht aufgeht.
Sie sind wie die Kinder! Kaum hast du ihnen den Psalter übersetzt, wollen sie Jesus Sirach übersetzt haben. Alle vier Wochen einen neuen Sermon.

Martinus! Jetzt gehen sie hin und verkaufen, was du da in deinem Mißmut gesagt hast. Wir wären fürwahr arme Leute, darum wär's am allerbesten, wenn wir bald stürben und eingescharrt würden. Du hast vergessen, von der Auferstehung zu reden! Und wenn du heute nicht an die Auferstehung glaubst, dann hättest du doch ans Jüngste Gericht glauben müssen und davor Angst haben! Aber vielleicht ist es gut so, daß sie hören: Auch der Reformator hat seine Nöte und Zweifel und scheut sich nicht, davon zu reden. Glauben ist ein schweres Handwerk, das meinst du doch, und du zeigst es ihnen, und ich bin wohl die Kleinmütige, die meint, wenn Luther zweifelt, nimmt Gottes Sache Schaden. Was beklagst du dich, Martinus! Auch du lebst von den Fehlern, die die Leute machen. Von ihren Sünden. Im Grunde leben doch alle von den Fehlern ihrer Mitmenschen. Der Schuster davon, daß wir uns die Sohlen ablaufen, der Schneider davon, daß wir unsere Röcke zerreißen, die Juristen vom Unrecht der Leute, die Ärzte von den Krankheiten und der Totengräber von unserem Tod. So ist es auch mit dem Pfarrer, er lebt davon, daß die Leute sündigen. Glaubst du wirklich, daß sich daran etwas ändern wird, auch wenn sie nun alle deinen kleinen Katechismus auswendig lernen?

Die Wittenberger reden mich mit Frau Doktor an,
aber nicht, weil ich deine Frau bin, sondern weil ich
sie kuriere. Trink das, Martinus! Pferdemist, in Wein
gekocht, ist gut gegen den Husten. Ich habe es bei der
Stute ausprobiert und bei dem Hund. Und wenn du
es nicht trinken willst, dann huste auch nicht! Schwei-
nemist stillt das Blut, das streiche ich den Kindern auf
die aufgeschlagenen Knie. Also, warum nicht Pferdemist? Ob der Rotwein gut ist für die Gicht, weiß ich
nicht, aber er ist gut für deine Laune und darum gut
für uns alle.
Und wenn alle Wittenberger vor der Pest davonlau-
fen, dann bleiben wir hier, wenn du es willst. Furcht
macht krank, da gebe ich dir recht, weglaufen nutzt
nichts.

Heute hast du bei Tisch gesagt, unser Herrgott selber
sei die größte Ursache zum Sündigen. Warum hat er's
so geschaffen? Von Dieberei hast du gesprochen, Ehe-
brecherei und Räuberei. Im Kloster hat uns die Mutter Oberin, wenn wir ein Stücklein vom Lamm auf
dem Teller liegen hatten, aus den Schriften der heiligen Katharina zitiert: ›Wenn Rebhuhn, dann Rebhuhn, wenn Buße, dann Buße!‹ Da denke ich mir
nun, es müßten fröhliche Sünder sein, aus denen dann
tapfere Büßer würden. Wenn sie doch wenigstens die
Sünde genießen möchten! Vielleicht hat Gott es so
gedacht, als er die Welt mit allen ihren Verlockungen
eingerichtet hat. Ich seh's doch, daß deine Blicke
unserer Magd folgen, wenn sie vor dir die Stiege hin-
aufgeht. Aber du freust dich nicht daran, du schämst
dich. Und Scham, Martinus, das ist ein kleines
Gefühl, das paßt nicht zu dir. Unser Herrgott hat die

Hechte groß und fett werden lassen, und den guten Rheinwein hat er zu deiner Freude wachsen lassen, da wird er doch auch die runden Beine und Arme und was sonst noch alles an der Magd rund ist, geschaffen haben, daß du dich daran erfreust!

Laß mich doch weinen, Martinus! Weinen ist besser als hadern. Gott hat uns dieses Kindlein gegeben und hat es uns wieder genommen. Du betest mehrmals täglich: ›Herr, dein Wille geschehe!‹ Nun laß ihn auch geschehen! Es war doch mehr mein Kind als deines. Nicht jede Pflanze gedeiht, nicht jedes Tierlein wächst auf. Ein Kind ist ein Geschöpf der Natur. Du wirst eines Nachts wieder deinen Samen in mich legen, und Gott wird mich fruchtbar machen und meinen Leib segnen. ER hat uns Tränen gegeben, in denen löst sich der Hader. Ich beuge mich, und ich richte mich auch wieder auf. Wenn nur der Kummer, den ich im Herbst eingrabe, mir nicht im Frühling aufgeht!
Eigentlich hast du ja eine der Schwestern Schönfeld haben wollen, aber du hast zu lange gezögert, da hat sie ein anderer bekommen. Und jetzt sehe ich zu, wie ich es dir recht mache und Gott recht mache. Was unter diesem Dach geschieht, das gilt bei den Leuten. Sie werden sagen: Der große Reformator hadert mit seinem Gott, weil dieser sein Kind wieder zu sich genommen hat. In Wahrheit haderst du aber mit der Natur. Nicht alles, was sie hervorbringt, ist lebensfähig. Du willst immer alles verstehen, aber wir müssen auch hinnehmen. Das lernt man in der Natur. Aber du gehst nicht zu den Bäumen, du bleibst in deiner Studierstube sitzen und suchst in den Büchern, was

man draußen von den Blättern ablesen kann. Du fragst zu viel, Martinus! Die meisten deiner Fragen hat Gott in seiner Schöpfung längst beantwortet. Ich laufe hinter jedem Entenküken her, das beim Regen naß geworden ist, ich wärme es in meiner Schürze und ziehe es auf, und ich hacke die Kohlpflänzchen, und am Ende tue ich das Huhn in den Topf und den Kohl in den Topf und vernichte, was ich herangezogen habe. Und wenn mir wieder ein Kind geboren wird, sorge ich mich und ziehe es auf und weiß doch, das es dahin muß, früher oder später, Martinus! Wir vertrauen dieses kleine Geschöpf der Erde und dem Himmel an und dem, der alles geschaffen hat.

Sorget nicht für den morgigen Tag! Das sind so tapfere Männerworte. Wenn man stirbt, soll man sich nicht um Weib und Kinder sorgen.
Aber Frauen und Kinder sind keine Vögel unter dem Himmel! Und ein bißchen sorgen solltest du dich ruhig. Ein Stuhl und ein Rocken stehn der Witwe nach dem Gesetz zu. Soll sie spinnen! Soll die alte Frau spinnen, bis ihr die Finger bluten! Unser Haus ist eine ständige Baustelle, und ich weiß nicht, wie ich die Handwerker zahlen und das Gesinde satt bekommen soll. Die Wittenberger wollen sich in Luthers Licht sonnen, aber zahlen wollen sie nichts dafür. Und jetzt siehst du mich wieder an, als wolltest du sagen: Beten mußt du, Katharina!

Du hast gesagt, Martinus, ich fuhrwerkte herum, statt die Bibel zu lesen. Fünfzig Gulden wolltest du geben, wenn ich sie bis Ostern zu Ende gelesen hätte. Ich habe im Kloster lange genug in der Bibel gelesen, jetzt muß ich erst einmal tun, was ich gelesen habe. Bete du nur! Bete für mich, und ich arbeite für dich. ›Ora et labora‹, wie wir's gelernt haben, du in deinem Kloster, ich in dem meinen. So ein Gänsekiel wiegt leicht. Ich nehme Hacke und Schaufel in die Hand. Aber ich sorge auch dafür, daß du immer einen Vorrat an Gänsekielen hast. Wenn ich im Mai eine Erbse in den frisch gegrabenen und geharkten Boden lege, dann ist das ein Gebet, dann vertraue ich die Erbse der Erde an und dem Regen, den Gott schicken, und der Sonne, die er scheinen lassen wird, damit aus dieser einen Erbse eine Mahlzeit für uns alle werden kann. Was ich tue, ist wie beten. Wenn ich grabe, wenn ich säe, wenn ich ernte. Und wenn ich ein Zicklein schlachte, dann ist das auch beten. Und wenn ich einer Glucke Eier unterlege, dann ist das bitten. Und wenn ich ein Ei aufschlage und in den Kuchenteig gebe, dann ist das danken für die Gabe. Was redest du immer in Gleichnissen? Von den guten Bäumen, die gute Früchte tragen! Ich sorge dafür, daß es gute Früchte sind. Ich muß den Bäumen Leimringe gegen das Ungeziefer anlegen, ich muß ihren Wurzeln Luft verschaffen, ich muß sie zurückschneiden. Du tust, als sei ich eine leibhaftige Martha und als fehle diesem Haus eine Maria, die dir zu Füßen sitzt. Aber ich bin Martha und Maria zugleich! Wenn ich am Herd stehe und die Soße rühre, habe ich meine besten Gedanken. Und wenn man auf das Wort des Herrn hören will, muß man nicht auf der Kirchenbank sitzen, zu mir spricht er auch in der Küche. Und ich nehme die Maria vor der Martha in Schutz und die Martha vor der Maria. Vorhin hast du für den kranken Nachbarn Pflock gebetet. Gut, tu das! Aber der alte Mann braucht eine kräftige Suppe und jemanden, der frische Luft in seine Stube läßt.

Und mische dich nicht ein, wenn ich Gott um Regen bitte! Für die Suppe kann ich sorgen, für Regen nicht. Ich bete um das, was ich nicht selber tun kann. Vielleicht geht ja morgen die Welt unter, deine Stimmung ist danach. Wie wäre es, wenn du in den Garten gingest und dieses Apfelbäumchen eigenhändig pflanztest, von dem soviel geredet wird? Ich pflanze Apfelbäumchen und Pflaumenbäumchen und Birnbäumchen, ob die Welt nun untergeht oder nicht. Und darauf vertraust du. Deine Käthe wird's schon pflanzen, und Gott wird die Welt schon nicht untergehen lassen, damit du an deinem Luthertisch sitzen bleiben und deine Gleichnisse schreiben kannst.

Wäre das nicht ein Gleichnis für dich, Martinus? Reden ist Silber, Schweigen ist Gold? Immer hältst du uns vor: Das Weib schweige in der Gemeinde! Dann wäre unser Schweigen also Gold? Die meiste Zeit trage ich mein Schweigen wie einen Klumpen Gold mit mir herum und versuche, es in die kleine Münze des täglichen Tuns umzusetzen. Du sagst, der Geist muß täglich durch Lesen und Beten genährt werden, weil er immer wieder vergißt. Das ist wie bei der leiblichen Nahrung, man nährt sich und scheidet aus, einiges verbraucht man, und der Rest wird zu Speck. Das Wort allein ist zu wenig, und die Tat allein ist zu wenig, darum leben Mann und Frau beieinander, damit eines den anderen ergänze! Und wenn ich nicht am Morgen den Vorhang aufzöge und sagte: Martinus, es wird Frühling! Du würdest es nicht einmal merken. Hörst du mir eigentlich zu, Martinus?

Gott segne deinen Schlaf!

Vergeßt den Namen des Eisvogels nicht

Sappho an die Abschied nehmenden
Mädchen auf Lesbos

Wie schön ihr seid, meine Mädchen! Ich lehrte euch
die Kränze flechten, die heute euer Haar schmücken.
Leichtfüßig tanzt ihr zu Ehren der Göttin. Eure Stimmen klingen hell wie das Morgenlied der Lerchen.
Blickt nicht zurück! Ich lehrte euch, glücklich zu sein
und andere zu beglücken. Ich stehe im Schatten, alles
Licht liegt auf euch. Ihr seid mein Werk, ich opfere
euch der Göttin Aphrodite, ich gebe euch her. Ich habe
euch schlecht auf eure Frauenrolle vorbereitet. Ver-
zeiht mir. Noch heute abend greift die Hand eines
Mannes in Dikas Haar. Heute noch lösen eure Männer
die Bänder, die ich euch kunstvoll zu binden lehrte,
und ihr erfüllt ihre ungezügelten Wünsche, gehorcht
ihrer befehlenden Stimme.
Glücklich der, der euch sein eigen nennen wird,
unglücklich die, die ihr verlaßt!
Ich liebte euch alle. Liebte in einer euch alle, liebte und
verehrte in euch Aphrodite, die Göttin der Liebe, der
Jugend, der Schönheit. Gesellt euch noch einmal zu
mir, nehmt mich in eure Mitte, verbergt meinen
alternden Körper vor den Augen der Göttin. Weint
nicht, ihr Mädchen! Ich sehe, daß eure Arme sich dem
Mann entgegenstrecken, dem ihr fortan gehören werdet. Aber vergeßt nicht die Gärten von Mytelene, vergeßt Sappho nicht! Ihr wart an Freiheit gewöhnt, der
Tag verging euch im Spiel und im Tanz. Man hat euch
gesagt, der heutige Tag sei der schönste und größte in
eurem Leben, ihr habt es geglaubt, weil alle es glauben.

Ich habe euch verschwiegen, was euch erwartet. Ich habe euch nicht die Kunst des Ertragens und Erleidens gelehrt. Sorgen warten auf euch. Pflichten! Ihr werdet nicht mehr bei Nacht den Ruf des Kukuweia vernehmen, weil ein Mann neben euch auf dem Lager liegt, der schnarcht, nachdem er zu viel Wein getrunken hat. Morgens weckt euch nicht mehr der Finkenschlag, sondern euer weinendes Kind, das seinen ersten Zahn bekommt. Ich vergaß, euch von den zahnenden Kindern zu berichten. Ihr werdet sparsam sein müssen, dürft nicht mehr verschwenden, es wird von ranzigem Öl die Rede sein und nicht vom schattenspendenden Ölbaum. Sorgt, daß die Wasserkrüge immer gefüllt sind. Schickt die Mägde an den Brunnen, aber vergeßt nicht, wie ihr euch in der Quelle gespiegelt und gebadet habt. Vergeßt den Namen des Eisvogels nicht! Ihr habt die Worte im Chor gesprochen, und die Worte wurden zu Liedern. Aphrodite mischte sich unter euch, lächelnd lehnte sie am Stamm des blühenden Granatapfelbaums. Alles war Blüte und Frühling und Sehnsucht. Ich sagte euch nicht, daß alles vergänglich sei. Ihr lebtet ein endloses Heute. Wir verschenkten die Tage. Nackt gingt ihr auf nackten Füßen durchs Gras, mit leichten Schritten, die die Halme nicht niederdrückten. Ihr habt gelernt, nichts zu zerstören, was die Götter wachsen ließen. Ihr nahmt behutsam die Schnecken vom Wege und setztet sie am Rande ab. Keine tat einer Eidechse etwas zuleid. Ihr werdet nun den warmen Körper einer Wachtel in die Hände nehmen, ihr den Kopf umdrehen, die Federn und das Eingeweide herausreißen müssen. Ich habe euch das verschwiegen. Die Mutter eures Mannes wartet nur darauf, euch mit ruhiger Hand das Töten beizubringen.

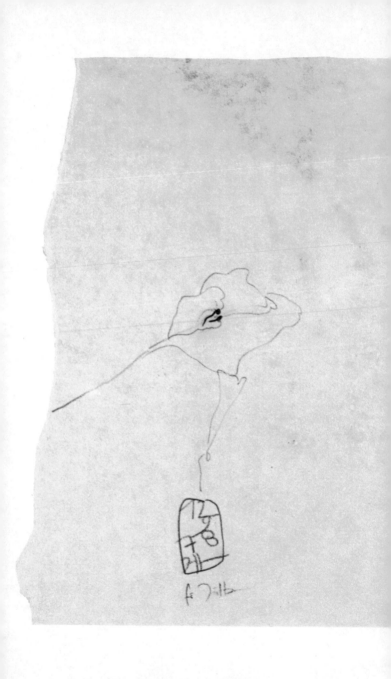

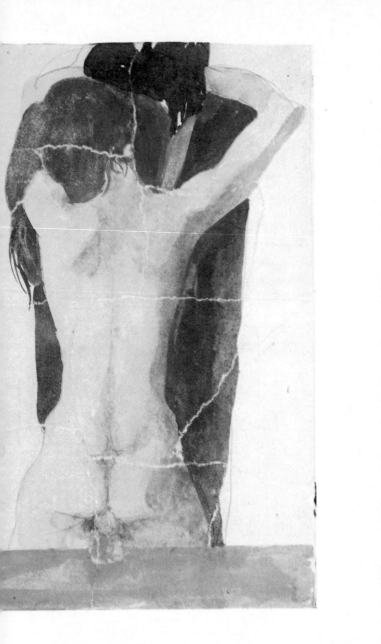

In der ersten Stunde des Tages, wenn die Nacht noch in den Tälern lag und nur die Berge schon von den Strahlen der aufgehenden Sonne erleuchtet waren, erhob ich mich, schnitt eine Rose und legte sie auf Dika, die mein Liebling war, Tau tropfte aus der Rose auf ihr träumendes Gesicht, Tränen verheißend. Ich ließ die Nacht vergehen, erwartete den Morgen und lag schlaflos. Während ihr dem Leben entgegenschlieft, wachte ich dem Tod entgegen. Ich verriet euch nichts, nichts von der Einsamkeit, nichts. Ich war ein Baum, ihr wart die Blätter. Ich lehrte euch die Düfte, nannte euch die Namen der Pflanzen und der Sternbilder. Ihr spieltet die Flöte und die Leier, sangt Lieder. Die Lüfte trugen euch die Töne und die Worte zu. Ich sagte: Sing, was du siehst! Spiel, was du hörst! Ich schrieb auf Blätter und zerriß die Blätter und verstreute sie im Wind. Ein Gedicht ist wie ein Baum, der sich begrünt und der die Blätter abwirft, wenn es Herbst wird. Ihr vergeßt und ihr werdet vergessen werden. Meine Lieder rauschten in euren rosigen Ohrmuscheln wie die Wellen des Meeres, und die Wellen des Meeres werden euch meine Lieder zurückbringen, wenn ihr alt seid, wenn ihr euch erinnern werdet an den lieblichen Hain von Apfelbäumen, unter denen wir beieinander ruhten und den Honigduft atmeten. Aphrodite war eure Herrin, von nun an wird Hera, die Göttin der Fruchtbarkeit, eure Herrin sein, an die ich euch abgeben muß, zu meinem Leid.

Mehr als die Schönheit des Jünglings liebte ich die Schönheit der Mädchen, die ihr Geschlecht verborgen in sich tragen. Wie konnte ich Schönes mit Schönem vergleichen! Wer liebt, vergleicht nicht, Liebe ist unvergleichlich. Zärtliche Tage. Leicht glitt meine

Hand über den erhitzten Körper von Abanthis. Schön und anmutig zu sein für Aphrodite war euer Ziel. Wenn ihr euch schmücktet, wenn ihr Kränze aus stark duftendem Anis flochtet und eine die andere bekränzte! Goldfarben wie die Locken Apolls lagen Abanthis die Locken auf den Schultern.

Ihr wart an Freiheit gewöhnt, wart wie Vögel, die zwitschern und singen, am Quell sich erfrischen und nachts im Laub der Zweige schlafen. Morgen wird man euch in Käfige sperren. Ihr werdet Haustiere sein, ihr werdet aufhören zu singen. Glaubt ihnen nicht, was sie versprechen! Sie überhäufen euch heute mit Gaben. Seid ihr nicht schön genug? Warum legen sie euch Ketten an die Arme, streifen euch Ringe über die Finger? Unter Hauben werden sie eure Mädchenköpfe verbergen.

Dika! Gongyla! Abanthis! Wenn ihr das Festgewand anlegtet, eure süßen Stimmen erhobet, wenn ihr über die Felsen sprangt, war jede von euch einer Halbgöttin gleich. Ich werde eure Namen rufen, und die Wellen werden den Klang meiner klagenden Stimme verschlingen. Und dann werde ich mich der Ordnung der Götter fügen. Liebte ich gestern noch Atthis, werde ich morgen schon Anaktoria lieben. Fühlte ich gestern noch Sehnsucht, leide ich heute die Schmerzen der Trennung. Immer die gleichen wilden Gefühle. Ein Gefäß der Liebe, das überquillt und das, wenn es geleert ist, sich aufs neue füllen muß wie eine Zisterne im Winterregen.

Ich lehrte euch Zärtlichkeit. Ihr entdecktet euren Körper, bevor ein Mann ihn entdeckte. Du hast mich spüren lassen, Dika, daß meine Zärtlichkeit dir nicht mehr genügte, daß du nach anderer Lust verlangst. Dir galten meine Lieder, dir mein Lächeln, du wußtest es und ließest deine Zehen spielen, und diese Äußerung galt mir und beglückte mich. Frauenliebe ist verschwiegener als Männerliebe. Frei bewegen sich alternde Männer mit dem Knaben ihrer Wahl auf Straßen und Plätzen, Lehrer der eine, Schüler der andere. Beide streben danach, vorzüglich zu sein, dem anderen Ehre und Freude zu machen. Jugend und Alter gehören zusammen, müssen sich trennen und finden sich wieder, wechseln die Rollen. Später werdet ihr selber eine Sappho sein und junge Mädchen unterrichten, und alles wird weitergehen im Fluß der Zeit.

Ich höre gerne den alten klugen Männern zu, betrachte ihre Gesichter, auf denen Schweiß und Tränen Spuren hinterlassen haben. Ich sehe vergangene Mühsal und künftige Sorgen. Jahresringe ziehen sich um ihre Handgelenke, die braunen Altersflecken machen ihre Haut unansehnlich. In meinen Liedern wird man den Namen Kerkylas nicht finden, der mein Mann war, der mich beherrschen wollte. Nichts zu sagen ist schlimmer als Ungutes sagen. Ich habe die Freuden und die Schmerzen vergessen, die uns die Männer verschaffen. Ein Mann hat mich zur Mutter meiner Tochter Kléis gemacht, die ich an einen Mann hergeben mußte, wie ich jetzt euch hergeben muß.

Meine Worte gehen unter in den Liedern, die ich euch zu singen lehrte. Ihr verlaßt mich. Aber Eros bleibt mir erhalten. Klugheit ist die Schönheit des Alters. Wenn ihr alt sein werdet, dann denkt an Sappho, die alt war, als ihr jung wart.

Es wird euch die Freude an der wärmenden Sonne bleiben, die Freude an den Gärten, am spiegelnden Glanz der Wellen. Frauen lieben, was beständig ist, was bleibt. Männer lieben, was sie fortführt, sie lieben Pferde, und sie lieben Schiffe.

In jedem Jahr wachsen Mädchen heran, freut euch an ihnen und erfreut sie! Bald werde ich mich schmücken für die letzte Fahrt über den Acheron. Die Götter wären nicht unsterblich, wenn Sterben etwas Schönes wäre. Sie würden im Hades leben und bleiben und nicht wieder zur Erde zurückkehren. Als ich auf dem leukadischen Felsen stand, wollten meine Füße springen, aber meine Hände krallten sich an den Steinen fest. Die leichten Stengel des Dills genügten, mich zu halten. Muß ich denn warten, bis Charon mich holt? Warum tue ich nicht freiwillig, was doch getan werden muß?

Wird das Alter mich krümmen? Wird mein Verstand sich verwirren? Wird meine Stimme lallen — ihr Götter! Was wird aus Sappho? Wer nimmt mich bei der Hand, wenn ich dem Tod entgegenspringe? Wärmt mich denn nicht mehr das Glück vergangener Tage? Höre ich auf, Sappho zu sein, die Dichterin von Lesbos, gerühmt von allen? Muß ich zurück in den Chor der klagenden Weiber?

Ach!

Ich liebe den jungen Phaon! Ihn zu erlangen, hätte ich euch alle hingegeben, euch, meine Mädchen!

Du irrst, Lysistrate!

Die Rede der Hetäre Megara
an Lysistrate und die Frauen von Athen

Hör mir gut zu, Lysistrate! Ihr anderen auch! Ich habe mehr Erfahrungen mit Männern als ihr. Du kennst nur deinen eigenen Mann, Lysistrate, und denkst, wie er sind alle. Ich kenne viele. Du verlangst von den Frauen Athens, sie sollten so lange auf das eheliche Lager verzichten, bis die Männer Frieden geschlossen haben. Darüber kann ich nur lachen! Enthaltsamkeit führt zu Angriffslust! Und außerdem: Der Krieg dauert bereits zwei Jahrzehnte, die meisten Athenerinnen sind Witwen, wem sollen sie sich denn verweigern? Hingeben wollen sie sich!

Hört euch an, was eine erfahrene Hetäre zu sagen hat! Warum glaubt ihr denn nur das, was Männer sagen? Es ist gut, daß du etwas unternehmen willst, Lysistrate, nur was du verlangst, ist falsch. ›Macht sie verrückt und wild!‹ Soweit gebe ich dir recht. Jedoch, ihr kennt die Triebe der Männer zu wenig. Ein Nein zuviel, und schon tauschen sie die Lust am Weib gegen die Lust am Kampf, tauschen das Liebeslager mit dem Schlachtfeld, auf beiden wollen sie doch nur siegen. Ihr stärkt mit eurem Nein die Lust am Kampf, statt sie zu schwächen. Wenn sie satt und zufrieden sind, wünschen sie nichts weiter als zu ruhen. Hab ich recht, Myrrhene? Du liebst doch deinen Mann, und er liebt dich, ihr treibt's doch wie die Täubchen, was man so hört. Wenn ihr euch verweigert, gehen sie zu den Dirnen und geben Geld für etwas aus, das zu Hause nichts kostet und das ihr selber nötig braucht.

Die Dirnen können sich Enthaltsamkeit nicht leisten. Und die Hetären sind klüger.

Du willst dich deinem Mann verweigern, Lysistrate? Dabei erwartet er doch längst nichts mehr von dir. Es nutzt dir nichts, die Ohren zuzuhalten?

Ihr seid genauso Schuld am Krieg! Ihr laßt ihn zu! Nichtstun ist auch was tun! Wir sind nur Frauen, sagst du? Von ›nur‹ will ich nichts hören. Du hast nicht weit genug gedacht, Lysistrate! Männer versprechen alles, wenn wir nur willig sind. Sind sie befriedigt, wächst ihre Kriegslust rasch aufs neue. Alle Lust wächst nach.

Wieso hast du behauptet, Lysistrate, die einzelne sei nichts? Du redest wie die Männer! Sie sagen, der einzelne sei eine Null. Aber viele Nullen ergeben viele Nullen und kein großes Ganzes. Auf dem Schlachtfeld sind die vielen wichtig, aber Frauen wirken nur, wenn sie mit einem Mann allein sind. Stimmt's? Ich unterhalte mich oft mit Philosophen! Sie suchen das Gespräch mit mir, weil sie zu Hause eine Xanthippe haben. Ihr beklagt euch, daß eure Männer euch mit ihrer Zudringlichkeit belästigen, so behaupten sie. Sie geben sich mit den üblichen Vergnügungen nicht zufrieden. Einzelheiten könnt ihr bei mir erfahren, jede für sich, darüber möchte ich nicht öffentlich sprechen. Aber wenn ihr wissen wollt, worüber ich mit den Männern rede: Sie fragen mich, woher die Wolken kommen und was Atome sind. Wir reden über Dinge, die wir nicht kennen, und tauschen unsere Unwissenheiten aus. Das eine sage ich euch: Nie hat ein Mann, der mit einer Hetäre schlief, von Tyrannei geträumt oder von Aufruhr gegen die Staatsordnung. Die Wörter Schlacht und Krieg dürfen bei uns nicht ungestraft erwähnt werden. Statt dessen wird gescherzt und gezecht bis zum Hahnenschrei, dann schlafen sie friedlich, mit ermatteten Lenden, in den Tag hinein.

Wohin ich blicke, sehe ich Witwen und zukünftige Witwen. Warum lernt ihr nichts von den Hetären? Ihr wollt Helden zu Männern haben! Ihr verlangt nach Orden! Ihr wollt euch ihrer Taten rühmen! Begreift doch endlich: Ein lebender Mann ohne Orden ist besser als ein toter Sieger auf dem Schild! Was putzt ihr ihnen die Speere blank? Versteckt eurem Helden die Waffen, setzt eure eigenen ein! Legt euer jüngstes Kind an die Brust und laßt den Milchquell sprudeln auch für ihn, er ist doch wie ein Kind, das man ein wenig wiegen muß. Kylla wird euch unterweisen, wie man sich schön macht, wenn man's nicht mehr ist, nie war. Kamille duftet reinlich, Euratea, aber nicht verführerisch. Stopft euch ein wenig aus, wenn ihr zu mager seid! Eure schöne Seele hilft euch auch nicht weiter. Erst wenn Schönheit sich mit Klugheit paart, wird sie wirksam. Warum verachtet ihr die Künste der Hetären? Lernt von uns! Hat eine Hummel sich in eurem Gewand verirrt? Wo schon? Ihr kennt euch selbst am besten, kennt die Stelle, die die Hummeln gern aufsuchen. Du mußt jetzt nicht erröten, Ampelis, spar deine Röte für den Abend auf. Du hast einen straffen Bauch, das sehe ich von weitem, laß ihn heut abend aus der Nähe sehen! Und du, Phryne, scheinst ein schönes Hinterteil zu haben, zeig es her! Was habt ihr gegen Schminke? Ihr lauft mit zinnoberroten Gesichtern herum. Ich meine vor allem dich, Myrtion! Pudert euch! Und die Blassen sollen sich apfelrote Wangen malen. Ihr laßt das

Schminkgerät verstauben, nur weil Krieg ist. Eine verhärmte Frau wird leichten Sinns zurückgelassen! Morgen früh werden die Männer beim ersten Hahnenschrei zu den Schiffen eilen. Der Krieg geht weiter. Hindert sie! Der Mann, der morgen früh sein Haus verläßt, hat eine schlechte oder dumme Frau, die ihm den Kampfesmut nicht brechen kann, die seine Glieder nicht erlahmen macht. Morgen früh soll es still sein in den Gassen von Athen, kein Waffenklirren nach dem Hahnenschrei. Wer seinen eigenen Mann nicht liebt, der liebt — kann sein! — den Schwager oder auch den Nachbarn. Ich beschwöre euch, seid jetzt nicht kleinlich. Bringt Opfer, wenn ihr es so nennen wollt, ihr liebt es ja, euch aufzuopfern. Einigt euch! Wo es nicht anders geht, kämpft um die Männer, macht sie lüstern. Athen soll heute nacht ein Freudenhaus sein. Legt beizeiten einen Weihrauchzweig ins Feuer, laßt Küchendüfte durch die Türen wehen, und wenn er fragt, wozu der süße Kuchen? Dann sagt, für morgen, wenn wir Frauen von Athen zusammensitzen und um unsre Männer trauern. Schlachtet euer bestes Huhn und sagt, ihr würdet es am nächsten Tag der Göttin opfern, und erst, wenn er drum bettelt, seid bereit, es heute noch für ihn zu braten. Besorgt euch Myrrhenöl, salbt euch das Haar, seid endlich einmal einig, gebt eurer Freundin davon ab! Schmückt euch gegenseitig! Betrachtet einander prüfend, aber liebevoll! Betet zu Aphrodite, aber tut selber, was ihr könnt! Gebt euren Männern Wachteleier. Wenn ihr sie nicht beschaffen könnt, sorgt wenigstens für Sellerie, die grünen Stangen schneidet in Stücke; wie lang, das müßt ihr selbst am besten wissen! Die weißen Knollen fein geraspelt.

Sagt, es sei euch heiß am Herdfeuer, entblößt die Schultern, schürzt den Rock, streift das Gewand herunter, laßt eure Brüste sehen. Ach, kommt mir doch jetzt nicht mit Ehrbarkeit und Tugend! Es geht um Athen! Der Krieg fordert Opfer, der Frieden auch. Komm her, mein Hahn, mein Löwe oder Stier, was ihr nun flötet und ihm zu Kopfe steigt und was ihm sonst noch steigt und schwillt. Aber zögert, haltet ihn eine Weile hin. Erinnert euch an die Rede der Lysistrate. Steckt euch die Blüten des Zitronenbaums ins Haar. Bereitet ihm ein festliches Mahl und seufzt ganz nebenbei, daß es vielleicht das letzte für ihn sei, für immer. Trag deine Haare offen, Ampelis, deine Locken sind schön, entzieh dich deinem Mann, dann wird er dich bei deinen Locken zu sich ziehen und seufzen, und dann seufzt du, daß du in Zukunft nur den Esel haben wirst. Thula! Es heißt, du wüßtest einen Zaubertrank. Verzaubert sie alle! Sie sollen trunken durch die Gassen torkeln, wollüstig und geil wie Pan. Macht sie eifersüchtig! Schreibt an die Hauswand in verstellter Schrift: Melitta liebt Chaireas! Die Nachbarn werden es lesen und Chaireas auch, und alle werden glauben, was dort steht. Eifersucht heizt die Liebe an. Melitta! Warum schaust du zur Seite? Stimmt es am Ende? Um so besser! Bringt Unruhe und Unordnung in die Stadt. Kein Mann kann Athen verlassen, wenn alles drunter und drüber geht!
Greift er zum Wasserkrug, um seinen Wein zu mischen, füllt beide Krüge mit Wein. Wenn gar nichts hilft und er nach seinem Schild und seinem Speer verlangt, dann tut ihm Baldrian in seinen letzten Becher, er wird dann selig schlafen. Versprecht ihm, daß ihr ihn beim ersten Schrei des Hahnes wek-

ken werdet. Wenn er am späten Vormittag erwacht, dann räkelt euch verschlafen und sagt, die anderen Krieger seien längst auf ihren Schiffen, ob er als einziger durch die Gassen laufen wolle, um die Schiffe noch von ferne zu sehn.

In eurem Haus wohnt noch die alte Mutter eures Mannes? Oder der greise Vater, sagt ihr? Dann verlaßt eure Häuser und geht zum Lykabettos, wo unter den drei Eukalyptusbäumen die Quelle entspringt. Ihr kennt den Platz, er ist idyllisch. Der Boden ist weich von Klee und Lotos, die letzten Hyazinthen duften noch. Die Grasmücken singen bis in den späten Abend, und kaum sind sie verstummt, ruft schon der Kukuweia. Putzt euch heraus! Entblößt, was ungeputzt am schönsten ist. Laßt eure Mägde die Körbe mit den besten Speisen füllen, vergeßt nicht, sie mit Hibiskusblüten zu schmücken und stellt beizeiten die Krüge mit dem schweren Wein aus Samos kühl, falls ihr noch Wein im Keller habt. Dann ladet eure Männer ein, die voller Mißtrauen euer Tun und Treiben beobachtet haben. Du bist willkommen, Laches! Pamphilos, komm mit! Laß uns Abschied feiern von dem kleinen Frieden! Das Abendlicht wird eure Körper vergolden wie die Säulen der Akropolis im Sechsuhrlicht. Die Becher werden glänzen, daß man sich darin spiegeln kann. Bereitet Lager aus Myrtenzweigen, aber vorher tafelt! Trinkt! Die schönsten und die jüngsten Frauen werden sich, sobald die Nacht kommt und der Mond aufsteigt, im Quellwasser baden. Es weht ein leichter Wind wie Zephir, er wird sich später legen, die Nacht wird mild sein. Nehmt trotzdem ein paar Decken mit, die Morgenkühle könnte eure Schläfer sonst ernüchtern. Und du, Lysis,

Christine für Christine
m. 11.12.77
r.H.

wirst singen! Sing deine Lieder, die du sonst nur am Brunnen singst.

Spürt ihr die Lust in euren Schenkeln aufsteigen? Das ist gut. Das habe ich gewollt. Lust ist ein Fieber, das ansteckt. Eine Epidemie wird sich in Athen ausbreiten. Wir müssen die Männer schwächen! Nicht anstacheln! Nicht nur die Göttin Athene soll für Frieden sorgen. Helft ihr dabei! Verlaßt euch nicht nur auf die Götter!

Das ist mein Plan für heute. Aber was wird morgen? Mit allen unseren Künsten können wir nicht hindern, daß sich der Kampfesmut aufs neue in den Männern staut. Sie werden auf die Agora gehen und reden und so lange reden, bis sie ihre Worte wahr machen und zur Waffe greifen müssen.

Und jetzt, Lysistrate, hör zu! Ich habe Pläne, wie es weitergehen soll.

Wir müssen streiken, wenn sie ihre Kriege führen wollen. Nur nicht im Bett, ich sagte es bereits. Was habt ihr denn bisher getan? Ihr putzt ihnen die Helme blank, kratzt den Rost vom Schild. Und wenn der Krieger abzieht, winkt ihr ihm nach und weint ein wenig und macht euch an die Arbeit, haltet das Haus in Ordnung, zieht die Kinder auf, bestellt die Felder, keltert die Trauben, und wenn die Schlacht geschlagen ist, bindet ihr Girlanden für die Lebenden und Kränze für die Toten. Ihr bewundert die Helden und macht ihnen den Krieg so angenehm wie möglich. Das wird jetzt anders. Laßt eure Felder brach liegen. Sollen sich die Vögel die reifen Trauben holen. Tut nur so viel, daß ihr und eure Kinder nicht verhungern müßt, doch rackert euch nicht ab! Die Ehre gilt am Ende doch nur ihm, nicht euch. Bei den Spartanerinnen ist es auch nicht anders. Wir müssen uns mit den Frauen der Feinde verbünden. Wir sollen Männerrollen im Krieg und Frauenrollen im Frieden spielen. Wie das? Saht ihr denn Männer je in Weiberrollen, die Kinder säugend, den Rocken spinnend und das Brot backend? Ihr leistet die Männerarbeit zusätzlich. Ihr bringt die Ernte ein, bevor der Herbstregen einsetzt, ihr führt den lahmen Gaul zum Schmied, und die Frau des Schmieds beschlägt die Hufe. Ihr flickt das Dach und habt keine Zeit, mit eurem Kind zu spielen, und keine Zeit, euch schön zu machen und zu schmücken. Für wen? Wenn sie aus der Schlacht zurückkehren — falls sie zurückkehren! —, finden sie euch abgerackert vor. Ihr zeigt voller Stolz die Krüge mit dem Saatgut und bekommt noch Tadel, daß sie nicht voll genug sind. Sie schieben euch beiseite, am nächsten Morgen schon, und ihr macht ihnen Platz.

Wenn sie in Zukunft ihre Siege feiern wollen, sagt: Die Krüge sind leer. Ihr habt nur ein paar Zwiebeln im Haus, eine Handvoll trockener Bohnen aus dem letzten Sommer, die würdet ihr gern in Wasser aufweichen und ihm kochen, wenn nicht der letzte Krug gestern zerbrochen wäre und es beim Töpfer keine neuen Krüge gäbe. Ihr versteht euch nicht aufs Fischefangen, ihr könnt ihm — leider! — keinen Fisch mit grünem Salbei dünsten. Der Ölkrug sei schon lange leer, die Kelter nicht mehr in Betrieb, verrostet, die beiden Esel seien euch entlaufen, der Strick sei morsch gewesen. Ihr könnt die Esel irgendwo verstecken. Und seid in Zukunft nur nicht kleinlich! Wenn euer Nachbar, der zu alt ist für den Krieg, ein Auge auf euch wirft; wenn seine Arme nicht mehr taugen, um das Schwert zu führen, da geht die Kraft dann in ein andres Glied. Verschmäht die Knaben nicht! Führt sie mit sanfter Hand ins Leben ein, mehr sag ich nicht. Vergnügt euch miteinander! Warum sollen wir enthaltsam leben? Nur weil die Männer fort sind? Treue gilt, solange man beisammen ist. Wir werden ihnen den Spaß an ihren Kriegen schon verderben, wir Frauen aus Athen und aus Arkadien, aus Böotien und aus Sparta. Seht euch das Erechtheion an! Fällt euch nichts auf? Nicht, wie bei anderen Tempeln, tragen Säulen die schwere Last des Daches, sondern Frauen! Merkt ihr denn nichts? Sie bauen auf unsere Stärke!

Hört mir zu! Korinna, bleib sitzen! Ich bin noch nicht zu Ende! Nicht nur die Männer denken an Athen, das tun wir auch, es ist auch unsere Stadt, in der wir leben wollen — mit den Männern! Wer sein Leben liebt, setzt es nicht gern aufs Spiel, er schnitzt statt dessen seinem kleinen Sohn ein Pferdchen, knüpft eine Schaukel in den Feigenbaum. Ich kenne eure Männer, die meisten wenigstens. Sie sind wie Kinder, sie haben nicht genug zu tun, man muß sie beschäftigen. Wer seine Felder selbst bestellt, will kein Schlachtfeld daraus machen, das ist in Attika nicht anders als in Sparta. Wer müßig ist, fängt Streit an. Das kennt ihr doch von euren Kindern. Lobt das Haus des Nachbarn, es sei geräumiger und kühler als eures, er sei wohl klüger oder fleißiger. Und schon wird er zur Schaufel greifen. Sein Bruder habe besseres Wasser, das liege wohl daran, daß er den Brunnen tiefer habe graben lassen. Ihr müßtet im Sommer, weil euer Brunnen versiegt sei, mit den Krügen weit zu eurem Schwager gehn, ihr tätet es nicht ungern, blickt dazu bedeutungsvoll. Spornt seine Kräfte an, erwähnt Athen, habt immer auch das Wohl der Stadt im Auge, verweist ihn auf die Größe seines Tuns, er braucht Bestätigung, und macht den Abend ihm — und euch! — recht lieblich, zündet Fackeln an, laßt euer Knäblein nackt im Hofe spielen, vergleicht ihn, in aller Unschuld, mit dem Vater.

Ampelis! Musarion! Bleibt hier! Wollt ihr zu Hause eure Witwenhaube flicken? Gewiß, ihr werdet sie bald brauchen. Setzt eure Leidensmiene heute schon auf und übt die Klagelieder!

Die Männer sollen nicht das Gold für Rüstungen und Waffen ausgeben. Wir erheben Einspruch! Wir wollen mitbestimmen, was mit den Steuergeldern zu geschehen hat. Warum denn Waffen? Warum nicht Krüge, Haarspangen und Sandalen? Sie wollen jeden Pflasterstein Athens und jeden Fußbreit Erde Attikas verteidigen. Sie werden diesen Krieg so lange weiterführen, bis wir verhungern und unsere Lieblingskatze selber essen, bevor sie der Nachbar fängt. Bedenkt auch eins: Die Mütter haben diese Männer so erzogen! Die Männer wären ängstlich, ganz wie wir, wenn man nicht zu ihnen gesagt hätte: Du bist ein Mann, sei tapfer! Weine nicht! Ihr müßt eure Söhne mit der Spindel spielen lassen und sie trösten: Weine nur! Auch Männer dürfen weinen! Wer weint, lacht auch! Der Mut der Männer macht mich unmutig! Warum gehen wir nicht mit auf die Agora? Wenn sie für die Weiterführung dieses Krieges stimmen, stimmen wir dagegen. Unsere Stimmen sind heller und durchdringender. Ihrem Kriegsgeschrei setzen wir unser Friedensgeschrei entgegen. Lehrt sie das Leben zu genießen! Der Kampf ist nicht das Höchste. Der

Tod auf dem Schlachtfeld nicht das schönste. Das Gold, das ihre Feldzüge kosten, soll unserer Stadt zugutekommen. Wir wissen doch, wie mager die Kriegsbeute meist ist. Sie meinen, wir könnten nicht rechnen, wir wüßten nicht, was ein Tag Frieden einbringt und was ein Tag im Krieg kostet. Warum stellt ihr euch dumm? Warum macht ihr ihnen nicht die Rechnung auf? Schwing dich auf die Mauer und stimm ein Spottlied an, Lysis, aber überspann den Bogen nicht, sie sind so leicht zu kränken. Zu lieben sind wir da und nicht zu hassen! Die Götter haben unsre Lebenszeit so knapp bemessen. Wie kurz ist unsere Jugend! Wie bald ist unsere Schönheit dahin! Wir müssen unsere Jahre nutzen.

Warum lauft ihr alle weg? Bleibt doch, bis ich fertig bin, Thula! Myrrhene! Wir werden uns auf ihren Schild werfen, wenn sie danach greifen! Und wenn auch das nichts nutzt, dann sagt: Ich gehe mit dir! Ich werde dich nicht verlassen und dir in jeder Gefahr zur Seite stehen. Ich will lieber tot sein, als ohne dich zu leben! Auch die Alten, der greise Vater, die blinde Mutter, die Kinder, keiner bleibt zurück! Macht ihnen klar, daß ihr nicht überleben wollt. Ihr wollt in Frieden leben oder gar nicht.

Sagt: Gib mir den zweiten Speer, ich kann ihn wie Athene werfen! Ich habe es auf den brachliegenden Feldern geübt! Du, Lysistrate, wirfst ihn besser als dein Mann. Lockt dich der Kampf nicht? Der Krieg ist ein Abenteuer! Vergnügt euch! Entblößt die Brust, wenn euch das Gewand zu eng wird, salbt euch die Glieder mit Öl wie die Männer, ruft, daß ihr euch auf die Spartaner stürzen werdet!

Und jetzt kommt der letzte Teil meines Plans, Lysistrate! Was ist denn anders an den Männern von Sparta? Es heißt, die Ohren stünden ihnen ab wie Henkel. Gut, packt sie bei ihren Henkeln! Sie sollen stark sein, ist euch das nicht recht? Die Schönheit der attischen Frauen wird die Spartaner reizen. Im richtigen, im letzten Augenblick tauschen wir die männlichen Waffen gegen die weiblichen. Wir werden die Kräfte der Spartaner schwächen. Das alles muß bei Nacht geschehen, wir schleichen in ihr Lager, auf nackten Füßen, unbewaffnet. Und dann, wenn unsere eigenen Männer merken, wo wir sind, besorgen sie den Rest!

Myrrhene, Täubchen! Jetzt läufst auch du noch weg! Nun sind wir unter uns, Lysistrate. Sie werden deinem Plan nicht folgen. Meinem auch nicht. Es wird alles beim alten bleiben.

Triffst du nur das Zauberwort

Effi Briest an den tauben Hund Rollo

So hat Mutter mich erzogen: Jeder Mann ist der Richtige. Gutes Aussehen, Adel, gute Stellung. Als ich Instetten zum erstenmal sah, überfiel mich ein nervöses Zittern. Als ob mein Körper sich hätte wehren wollen. Aber ich kannte die Äußerungen meines Körpers nicht. Ich hatte immer ein wenig Angst, und das hat er wohl auch gewollt. Von dem Spuk auf dem Kessiner Hausboden will ich gar nicht reden. Das war nicht recht, und darum hat er auch schuld. Und wenn Crampas mir nicht die Augen geöffnet hätte, dann wäre ich die Angst in mir nie losgeworden. Instetten wollte mich mit Furcht an das Spukhaus binden und mich erziehen. Aber er war ein Schulmeister und kein Erzieher. In Angst darf man auch so ein halbes Kind, das ich noch war, nicht halten.

Mach Platz, Rollo! Wir bleiben eine Weile sitzen auf der Gartenbank.

Du hast dich immer nach oben gerichtet, Instetten. Wenn Bismarck pfiff, war Instetten zur Stelle. Das kannte ich nicht von Hohen-Cremmen. Mein Vater hatte bei allem doch etwas Freies, nicht das Beamtische. Er wollte nicht höher hinaus und mußte darum auch keine Angst haben, daß er stürzen könnte.

Ich bin eine sehnsüchtige Natur. Ich hatte soviel Zeit zum Träumen und zum Mich-Sehnen, und du hattest dein Tun und sehntest dich nach nichts, du wolltest alles erreichen. Eigentlich war ich doch erst in der Knospe, aber von Blumen hast du nichts verstanden und von Frauen auch nicht viel. Du hast mich nicht zum Blühen gebracht. Ich bin, halbaufgeblüht, verwelkt. Ich war dein liebes Spielzeug, das hast du selber gesagt, und so ein Spielzeug holt man hervor, zeigt es, spielt damit und legt es zurück in die Schublade. Ich hatte Alleinsein nicht gelernt zu Hause. Hier in Hohen-Cremmen hatte ich außer den Eltern noch meine Freundinnen und den Garten und die Schaukel und die Heckenwege. Bei dir in Kessin gab es nur die paar Zerstreuungen und das, was du ›die stillen Tage‹ nanntest. Und dann die Abende, wenn du die Lampe nahmst und sagtest, ich habe noch zu tun. Wenn du merktest, daß ich betrübt war, bist du umgekehrt, hast die Lampe auf den Flügel gestellt und gesagt: Spiel etwas, Effi! Und ich stand gehorsam auf und spielte etwas, aus ›Lohengrin‹ oder sogar aus der ›Walküre‹. Wagner paßte doch überhaupt nicht nach Hinterpommern! Irgendwer wird gesagt haben, mein lieber Baron von Instetten, Chopin ist passé, Wagner ist dran! Du hattest deine Karriere im Sinn und wolltest mich zu deiner Wahlhelferin machen. Ich wollte selber auch hoch hinaus, aber mehr wie beim Schaukeln, nicht so mit Bücken und Untertänigsein. Am Anfang habe ich dir manchmal gesagt, was ich dachte und fühlte, eine Briest, das ist auch was! Aber solche Gespräche führten leicht zu Verstimmungen. Als ich mal gesagt habe, ich hätte dich aus Ehrgeiz geheiratet, hast du's spaßhaft genommen, und das war es ja auch und stimmte letztlich doch wieder. Aber ich hatte Ehrgeiz für dich und nicht für mich. Das haben alle Frauen.

Und dann — was du so Zärtlichkeiten nanntest! Jetzt habe ich vor Augen, wie du abwehrend die Hand hebst und sagst: Aber Effi! Da mußte es dunkel sein, damit ich dein Gesicht nicht sehen sollte, als ob wir etwas Verbotenes täten. Du bestimmtest, wann es Zeit für Zärtlichkeiten war, und wenn ich mal die Hand nach dir ausstreckte, dann gabst du mir einen Kuß auf den Handrücken und legtest meine Hand wieder auf meine Bettdecke zurück, und ich wußte Bescheid, für heute nichts weiter, meine liebe Effi! Eigentlich habe ich mich vor deinen Zärtlichkeiten immer gefürchtet, da war auch Gewalt dabei und auch Pflicht. Du wolltest ein vorbildlicher Ehemann und Vater sein und nicht nur der Erzeuger unserer kleinen Tochter Annie. Und deshalb mußte ich ins Bad fahren und Brunnen trinken. Aber daran lag es nicht. Es war das Planmäßige. Ich war mehr fürs Heimliche, für die Dünen. Es muß doch auch Leidenschaft dabei sein, und man muß schwindlig werden, und die Erde muß sich drehen, und es muß sein wie auf der Schaukel, man fliegt, und der Strick reißt. Ach, Instetten! Wir hätten miteinander reden sollen. Statt dessen rede ich jetzt mit Rollo. Wenn ich mal was zu dir sagte, hast du mir aufmerksam zugehört und mir auch zugestimmt, und am Ende hast du doch wieder gesagt: Am besten, es bleibt alles beim alten. Der Satz fällt mir immer ein, wenn ich in Gedanken mit dir rede. In der letzten Zeit rede ich viel mit dir, wenn ich hier in Hohen-Cremmen bei der Sonnenuhr sitze, und der Hund liegt neben mir und knurrt, wenn er träumt.

Als Annie mich nach der Scheidung in Berlin zum erstenmal in der Königgrätzerstraße besuchen durfte, da hätte ich, so wie ich war, zu dir laufen sollen. Nicht in die Wohnung! In dein Ministerium! Ich hätte nicht in meinem Zimmer auf die Knie fallen und beten sollen. Da war nicht Gott dran, da warst du dran! Du hattest das Kind abgerichtet wie einen Papagei. Wenn ich darf? Wenn ich darf? Du konntest mich nicht abweisen lassen, das hätte Aufsehen erregt. Du wärst ans Fenster getreten und hättest mir den Rücken zugewandt. Aber angehört hättest du mich und immer mal die rechte Hand gehoben, was heißen sollte: Aber Effi!

Meine Angst war größer als mein Zorn. Zorn macht stark, Angst macht schwach. Ich sank in mich zusammen. Seit damals werde ich immer schwächer. Berlin war nicht groß genug für uns drei. Ich wollte dir nicht zufällig begegnen, und ich wollte auch nicht auf dem Trottoir stehen, wenn du in der Kutsche vorbeifuhrst und die Leute sagten, das ist der Minister von Instetten, denn Minister wirst du ja wohl bald werden. Und ich wollte auch nicht Annie auf dem Schulweg auflauern, um sie sehen zu können. Das war dann meine Rettung, als die Eltern ein Einsehen hatten und mich nach Hohen-Cremmen holten. Als du mich geheiratet hast, warst du doppelt so alt wie ich, und jetzt bist du noch immer ein Mann in den besten Jahren. Aber ich bin eine alte junge Frau. Das Kind wird später das Hohen-Cremmen der Briest erben, oder läßt du nicht zu, daß Annie ihre verstoßene Mutter beerbt? Doch was soll sie mit Heckenwegen, einer Schaukel und einer Sonnenuhr? Es ist viel Zeit vergangen.

Ich klage dich nicht an, Instetten, du bist, wie du bist. Aber klagen werde ich doch dürfen. Ihr habt mich alle geliebt, weil ich war, wie ich war und wie ich jetzt nicht mehr bin. Und dich hat man geachtet, weil du bist, wie du bist. Und was ist denn nun besser, lange

Jahre geachtet oder kurze Zeit geliebt zu werden? Vater würde da wieder sagen, ›das ist ein zu weites Feld‹. Das weite Feld! Ich wußte nicht, daß es Mauern und Zäune gibt, über die man nicht hinwegspringen kann. Hindernisreiten habe ich nicht gelernt.

Jetzt legt er mir wieder seine dicke Pfote aufs Knie. Meinst du, Rollo, daß wir unseren Spaziergang machen sollten, damit alles immer so weitergeht und seine Ordnung hat? Die Wege immer kürzer, die Ruhepausen länger?

Ja, Instetten! Jemand, der Grundsätze hat, der ist im Vorteil, und mehr will ich dazu nicht sagen. Du hast keine Liebe in dir, und dafür kannst du nichts und deshalb hast du vielleicht doch keine Schuld. Du hast gesagt, Festigkeit wäre nicht meine Spezialität. Du hast immer nur gesagt, was ich nicht war und was ich nicht hatte. Das ist wie mit den Zehn Geboten. ›Du sollst nicht!‹ Aber mir muß man sagen, was ich soll! Du hattest dich in das halbe Kind, das ich noch war, verliebt, weil du in jungen Jahren meine Mutter liebtest. Eigentlich hast du doch meine Mutter gemeint, und die hätte auch besser zu dir gepaßt, das denkt Vater auch. Alle haben es gewußt, nur ich nicht. Und die andere Hälfte des halben Kindes wolltest du dir erziehen.

Jetzt müssen wir endlich auch von Crampas reden, Instetten! Crampas ließ mich so, wie ich war, der wollte nichts, und ich wollte auch nichts. Man fliegt und verliert den Boden unter den Füßen, man denkt, gleich reißt das Seil, und dann reißt es doch nicht, und man steht wieder auf den Füßen, aber man ist danach nicht mehr dieselbe. Von Major Crampas hieß es in Kessin, er sei ein Damenmann. Er nahm die Frauen ernst oder wenigstens doch so ernst wie seinen Dienst und überhaupt die Welt. Ganz ernst war ihm nichts. Ich habe doch ›nein‹ gesagt! Ich habe mich gewehrt, und er hat mich bedrängt, das ging so hin und her. Aber sein Bitten und sein Drängen hatte ich gern. Unsere Pferde gingen dicht und flogen dann nebeneinander her. Bei einem Galopp hat er mir zugerufen: ›Gelegenheit macht Liebe.‹ Erst ließen wir die Pferde traben, und dann ließen wir die Zügel schleifen, so würdest du es wohl ausdrücken. Crampas war nicht immer fein in dem, was er sagte. Und ich glaube, in mir war auch so was, ordinär will ich's nicht nennen, aber was Sinnliches. Die Untreue hat mich zur Frau gemacht, nicht die Heirat und nicht die Geburt des Kindes. Es ist einfach so mit uns durchgegangen. Ich hab ein ›Es‹ in mir, darüber konnte ich mit keinem sprechen. Für Ehebruch war es eigentlich doch zu wenig. Jesus und die Ehebrecherin! Vater hat eine Bibel mit Stahlstichen, da liegt die Ehebrecherin dem Herrn zu Füßen, und er streckt die Hand nach ihr aus, um sie aus dem Staub zu heben. Ich habe mir das Bild noch einmal angesehen, aber es betrifft mich nicht. Vielleicht, weil alles so anders aussieht als in den Dünen, irgendwie orientalisch. Ja, die Dünen und die See, danach sehne ich mich manchmal, da habe ich mich am wohlsten gefühlt. Man wurde nicht gesehen und sah auch nicht viel, aber man hatte doch Ausblicke und das Rauschen. Es war wie Versteckspiel mit dem Wind. Er packte einen und ließ einen wieder los. Jeder hat so eine Landschaft, in die er gehört. Für mich waren es die Dünen, das Unübersichtliche, das Versteckte, und das ist nicht gut. Zu Vater gehören die Feldwege, auf denen er hinter der nächsten

Bodenerhebung verschwinden kann. Und du paßt nach Berlin, in die geraden Straßen und auf die breiten Treppen, die zu den Ministerien führen. Und Mutter, wohin paßt sie? Sie ist auch nicht dahingekommen, wo sie hingehört hätte. Es ist schwer herauszufinden, was zu einem paßt, und dann ist es noch schwerer, hinzukommen und da zu bleiben.

Ich träume wieder meine Tagträume. Bei jener Fahrt, damals, Silvester, als es übers Eis ging und Gefahr war, als ich mit Crampas im selben Schlitten saß und du in einem anderen, da hast du nachher gesagt, es wäre dir gewesen, als ob ich mit Crampas untergegangen sei. Da hast du Angst gehabt. Ach, wär ich's nur! Crampas lebte gerne, aber er hätte auch aufhören können, er hing nicht am Leben. Er hing an nichts, er wollte nichts besitzen. Er zog mich an sich und ließ mich auch wieder los. Ich hätte ins Wasser gehen sollen, untreue Frauen müssen ins Wasser gehen, und Wasser war ja auch genug da. Aber da war das Kind. Und wenn eine Frau Landrat von Instetten ins Wasser geht, dann wäre alles herausgekommen, und am Ende hätte ich dann doch nur deine Karriere zerstört. So einfach weitergehen, erst durchs seichte Wasser und dann die Wellen, bis man den Boden verliert, das kann doch so schlimm nicht sein, und Crampas wäre ja auch mitgekommen, er hatte so was, mit ihm hätte man untergehen können. Zum Leben taugte er nicht. Jetzt habe ich keinen mehr, keinen zum Leben und keinen zum Sterben. Eigentlich habe ich nur noch Rollo. Sei still, Rollo! Es ist gut. Bleib liegen, die Sonne wärmt uns wohl noch eine Weile.

Aber am Ende war der Sog des Wassers doch nicht stark genug, sonst säße ich ja nicht hier in Hohen-

Cremmen bei meinen alten Eltern und machte ihnen Sorgen. ›Tochter der Lüfte‹ hat Mutter von mir gesagt, das ist lange her. Ich hätte was von einer Kunstreiterin. Von Trapez hat sie auch gesprochen. Immer habt ihr mich angesehen, als wolltet ihr ›Aber Effi!‹ sagen. Dabei hattet ihr das Unpassende trotzdem gern.

Instetten hat sein Alter, und ich habe meine Jugend, habe ich gedacht, und das habe ich auch gegen dich ausgespielt, einen Trumpf, der sticht, mußte ich doch in der Hand haben. Alles, was vernünftig war, dafür sorgtest du. Dabei konntest du nichts für dein Alter und ich nichts für meine Jugend, aber alle taten, als sei es mein Verdienst, so jung zu sein und schon Landrätin und Mutter eines Kindes.

Alle Schuld rächt sich auf Erden! Das sind so deine Sprüche, Instetten. Je älter ich werde, desto weniger glaube ich an Sprüche. Die Sonne bringt es an den Tag! Die Sonne war's nicht, da mußte viel zusammenkommen, lauter Zufälle, was man so Zufall nennt. Aber nichts ist zufällig. Ich hätte mit dir reden sollen, bevor wir aus Kessin weggingen nach Berlin, aber als ich dir sagte, wie ich mich in dem Spukhaus gefürchtet hatte, und dir von meiner Angst berichtete, da hast du dein Schulmeistergesicht gemacht. Und die Sache mit Crampas lag ja auch schon hinter mir.

Man kann nur dort beichten, wo man auf Vergebung hoffen kann. Verstehen sollte es ja keiner. Warum habe ich seine Briefe nicht verbrannt! Manchmal sah ich sie hinten im Nähkasten, nahm sie in die Hand und las sie dann doch nicht. Ich wollte mich nur erinnern: Effi, so eine Frau bist du! Nicht, wie man sich an

etwas Schönes erinnert, sondern an etwas Schlimmes. Das darf man doch auch nicht vergessen, und immer dachte ich: Es war nicht nur schlimm, es war auch schön. Bei der ersten Lüge habe ich gedacht, die Decke stürzt ein, aber sie ist nicht eingestürzt. Die zweite fiel mir schon leichter. Alle wollen einem ja glauben, was man sagt, und eigentlich will doch gar keiner die Wahrheit wissen. Geahnt hast du etwas, Instetten! Weißt du, was ich jetzt manchmal denke, wenn ich mein Leben Revue passieren lasse und die Schatten auf der Sonnenuhr anzeigen, wie alles vergeht? Ohne Crampas und die Dünen wäre es nicht besser gewesen. Das habe ich nun auch kennengelernt. Das Leichtsinnige. Eigentlich wollte ich doch, daß alles leicht sein sollte. Ein Leben lang die Baronin Instetten und eines Tages vielleicht die Ministerin und Bälle und Einladungen und vier Wochen Kur im Jahr. Dann werden Ablenkungen ja auch langweilig. Du hattest deine Karriere, und ich hatte die Langeweile, und wenn du vom Bedeutendsein zurückkamst, hätte ich dir entgegenfliegen müssen und dich bewundern. Dafür genügte doch Rollo.

Still, Rollo! Braver Hund. Schlaf weiter. Nachher machen wir unseren Spaziergang. Dann dämmert es bald, und dann ist wieder ein Tag vergangen.

Ich habe viel nachgedacht, Instetten! Auf Liebe steht die Todesstrafe, und für Mord — und Mord war es doch, auch wenn du es ein Duell genannt hast und eine Ehrensache —, für Mord bekommt man sechs Wochen und wird begnadigt, und nach einiger Zeit geht die Karriere weiter. Aber schuld war doch ich. Man hätte die Schuldige vorladen und anhören müssen. Als ginge mich die Sache nichts an! Man mußte mich nur wegschicken. Lebenslängliche Verbannung, dazu hast du mich verurteilt. Entlassen wie ein Dienstbote, der silberne Löffel gestohlen hat.

Wenn du nun zu mir gestanden hättest! Und wir wären zusammen nach Amerika ausgewandert, da fangen doch viele Menschen neu an. Oder auch zusammen nach Hohen-Cremmen! Landwirtschaften kann man doch lernen, und Vater wird alt. Unersetzlich in deinem Amt bist du wohl auch nicht, Instetten! Und jetzt? Nur so mit Pflicht und Ehre, das geht doch auch nicht gut. Manches dringt bis hierher und an meine Ohren, obwohl man mir alles fernhalten möchte. In der ersten Zeit habe ich gedacht: Instettens Ehre wird bald wiederhergestellt sein, eine Weile wird man noch sagen, ›der arme Instetten‹ und vielleicht auch mal jemand ›seine arme Frau‹ und ›sie war ja noch jung‹. Aber irgendwann würdest du dir eine neue Frau suchen, vielleicht sogar eine, die deiner Effi ein wenig ähnlich sieht, nur mit mehr Festigkeit und die nicht mehr erzogen werden muß und die für das Kind eine bessere Mutter wäre. Aber wenn es an keiner Stelle gut ausgeht, Instetten, das meine ich: Crampas tot, du mit deiner Pflicht, das Kind brav in der Schule und ich hier mit dem alten Rollo, der schläft, wenn ich rede, und nur den Kopf hebt, wenn ich seinen Namen nenne.

Ja, Rollo, guter alter Hund, schlaf weiter.

Als du mich fristlos entlassen hast und ich nicht nach Hohen-Cremmen zurückkehren durfte und auch noch eine geschiedene Briest wurde zu der geschiedenen Instetten und in der Königgrätzerstraße der Tag hinging mit Sticken und Patience Legen und Chopin Spielen! Und keiner sagte: ›Spiel mir was auf dem

Klavier, Effi!‹ Da hätte ich sogar was aus der ›Walküre‹ gespielt! Und immer nur Roswitha zum Teetrinken und ihre schaurigen Geschichten. Wenn ich hätte arbeiten können, wenn ich was gelernt hätte, aber auch eine geschiedene Frau Baronin durfte sich ihren Lebensunterhalt nicht selbst verdienen, und die Eltern sorgten ja auch, so gut sie konnten.

Ein richtiges Schicksal war es doch gar nicht! Eine Anna Karenina, von ihr sprach man in Bad Ems, aber keine der Damen hatte den Roman wirklich gelesen, man munkelte nur. Ich hatte ja nur am Schicksal genascht! Wenn ich mich prüfe, dann fühle ich weniger Schuld in mir als Scham, wie ein Kind sich schämt, weil es etwas Verbotenes getan hat und dabei ertappt wird. Und du hast mich ja auch bestraft, wie man ein Kind bestraft. Stell dich in die Ecke, schweig still! Roswitha, die hatte ihr Schicksal! Als ihr das ledige Kind gestorben und ihr Vater mit der Eisenstange auf sie losgegangen war und sie nicht aus noch ein wußte, da hatte sie ins Wasser gehen wollen, und so habe ich sie gefunden. Sie hat immer für ihren Lebensunterhalt sorgen müssen, aber bei mir hat sie es doch eher gut getroffen. Mit dem ihrigen verglichen, war mein Schicksal eher zu klein. Richtige Not, da wäre ich vielleicht daran gewachsen und gereift, aber nur Verlassensein und die viele Zeit und niemand, der mich braucht, und die Eltern würden doch auch friedlicher ohne mich leben. Es ist nicht leicht, die Eltern einer Effi Briest zu sein.

Du hast über mich gerichtet. Aber du bist nicht Gottvater, sondern nur der Baron Instetten. Vor Gott habe ich mich immer weniger gefürchtet als vor dir. Und dann denke ich ja auch: Alles wiederholt sich.

Frühling im Tiergarten. Ob nun fünfzigmal Unter den Linden oder fünfhundertmal. Und alle paar Jahre ein neuer Muff, damit ich bei Laune bleibe.

Ich hab's doch mal gehabt, den Glanz, meine ich, und so an deinem Arm durch den Saal, und mein Rock rauschte beim Gehen, und die Leute flüsterten: Was für ein schönes Paar! Ich gerate vom Hundertsten ins Tausendste, das kommt von dem Wirren in mir und dem Dunklen. Ja, das Dunkle war doch auch in mir, davon habt ihr nichts geahnt. Gieshübler in Kessin vielleicht und der Geheimrat Rummschüttel in Berlin, aber die hatten dann auch nur ein Pulver für mich zur Beruhigung.

Es geht und vergeht alles so schnell. Eben noch habe ich hier auf der Schaukel gesessen und dann schon an der Wiege in Kessin, und jetzt sitze ich wieder hier und betrachte die Schaukel. Das hat die Natur falsch eingerichtet, mit siebzehn schon Mutter. Aber gegen die Natur darf man sich nicht auflehnen. Mein Körper konnte schon ein Kind empfangen und austragen, aber meine Seele konnte es noch nicht. Manchmal denke ich, wenn wieder ein Sommer vorüber ist, ich bin so ein Blatt, das der Wind schon im August abgerissen hat und das in einen Bach gefallen ist, und dann hat es mich fortgetrieben, erst in einen Fluß und dann in einen Strom, und jetzt treibe ich auf das große Meer zu. Aber das sind keine Themen für dich, Instetten, Blätter im Wind, Sichtreibenlassen im Strom. Aber ich bin dann doch oben geblieben. Ich bin nicht untergegangen, und darauf bin ich nun auch ein wenig stolz. Und das Meer und der Himmel, oder wo wir nun hinkommen oder untergehen, das ist am Ende eins und liegt bei Gott.

Ich bin jetzt ganz ruhig, Instetten. Für dich wird es besser sein, wenn du nicht mehr ein geschiedener Mann bist, sondern sagen kannst, meine Frau ist gestorben. Dann kannst du vielleicht meinen Namen wieder aussprechen und später sogar einmal denken: Meine liebe Effi!

Gleich wird Mutter mit dem Plaid kommen und sagen: ›Aber Effi, du wirst dich verkühlen‹, und mir das Tuch um die Schultern legen, und sie wird mich nicht streicheln, und ich werde sie nicht streicheln, nur danke sagen und lächeln und ihre Hand einen Augenblick lang festhalten.

Männer männlich und Weiber weiblich — das ist auch so ein richtiger Briest-Spruch. Aber dann gibt es doch auch noch die Töchter! Ich bin die Effi Briest aus Hohen-Cremmen geblieben. Ihr habt mich immer für etwas bewundert, was doch nicht mein Verdienst war. Jung sein und hübsch sein und Anmut, das ist doch noch nichts, und geleistet hatte ich auch nichts. Ein Kind haben, das kann jede Frau, und aufgezogen würde es doch von Johanna und später von Roswitha. Ich habe lauter Nebenrollen gespielt und meine Hauptrolle nicht bekommen. Eine geschiedene Baronin Instetten und eine geschiedene Briest.

Jetzt streichle ich Rollos Fell, das grau und auch schon grindig wird, und manchmal streiche ich über den Seidenstoff, der sich über meine Schenkel spannt. Eigentlich bin ich doch eine zärtliche Natur. Mutter ist eher eine kühle Natur, und Vater hält sich alles vom Leib, auch mich. Er läßt die Kornähren durch die Finger gleiten, klopft dem Pferd auf die Kruppe. Als ich noch klein war, hat er mich manchmal bei den Haaren gepackt und gezaust, wie er es auch bei seinen

Hühnerhunden tat, wenn sie ihm ein Rebhuhn vor die Füße legten, und ich habe ihm dann meine Puppe vor die Füße gelegt. Und wenn Mutter mir die Schleife geradezog und mich ermahnte, nicht so wild zu sein, dann war das ihre Art von Zärtlichkeit. Warum habe ich mein Kind nicht mit meinen eigenen Händen gewaschen und gewindelt? Alles konnten die Dienstmädchen besser als ich, und ich hab auch immer gedacht, es könne dem Kind etwas passieren, wenn ich es an mich drückte und küßte, wie ich's mit meinen Puppen getan hatte. Und später habe ich ihr auch die Schleife geradegezogen.

Wir leben alle so weit entfernt voneinander. Die Zwischenräume sind so groß. Gieshübler versuchte, sie zu überbrücken, mit einem Strauß oder einem Billett im richtigen Augenblick. Wäre ich zu ihm in die Apotheke gegangen, da hätte ja niemand etwas sagen können, da war ja keine Gefahr bei jemandem, der ein halber Krüppel war. Er hat mich gern gehabt und ich ihn auch. Wenn ich gesagt hätte, ich muß mit jemandem reden und nicht plaudern, und er gesehen hätte, daß ich verzweifelt war. Aber dann wäre er verlegen geworden und hätte mir doch wieder nur ein Pulver geholt. Geahnt hat er viel. Einmal hat er mir ein kleines Buch geschickt. ›Für die romantische Effi von Instetten. Ein Verehrer mehr‹, stand darunter. Gedichte von Eichendorff. Crampas zitierte Verse von Heinrich Heine, und da wußte man nie, ob man lachen oder die Augen niederschlagen sollte. Ich saß oft mit dem Buch auf dem Schoß da, las ein paar Zeilen, und dann versetzte mir ein Wort einen Stoß, und ich vergaß das Buch und träumte wieder. Damals habe ich die Gedichte beiseite gelegt, aber neulich habe ich sie wieder hervorgeholt und habe einen Federstrich am Rand einer Seite gefunden, und diese Zeilen lese ich nun wieder und wieder und summe sie vor mich hin:

>Schläft ein Lied in allen Dingen,
Die da träumen fort und fort,
Und die Welt hebt an zu singen,
Triffst du nur das Zauberwort.<

Ich habe mein Zauberwort nicht gefunden, Instetten. Dir darf man mit Zauberworten nicht kommen, da hebst du gleich abwehrend die Hand. Aber Effi! Wenn ich in mich hineinhorche, dann hör ich nichts weiter als: Aber Effi! Einmal klingt es belustigt, dann wieder strafend. Das war kein Zauberwort, das war ein Wort, das den Zauber zerstört. Ich stelle mir vor, wenn ich tot bin, schreibt man auf den Stein: Aber Effi!

Denn wenn ich so früh sterbe, dann ist das auch wieder nicht recht und wie ein Vorwurf.

Eine Oktave tiefer, Fräulein von Meysenbug!

Rede der ungehaltenen Christine Brückner
an die Kollegin Meysenbug

Mein liebes Fräulein von Meysenbug! Sie haben Ihre
Lebenserinnerungen nicht ohne Selbstherrlichkeit
›Die Memoiren einer Idealistin‹ genannt und sie ›jenen glücklichen Schwestern geweiht, die sich in der
freien Luft eines anerkannten Rechts entwickeln
konnten‹. Ich werde mir erlauben, Sie gelegentlich
ebenfalls mit ›Schwester‹ anzureden. Ich bin eine
solche glücklichere Schwester, und ich werde Ihnen
für einiges — nicht für alles! — danken, was Sie zur
Emanzipation der Frauen beigetragen haben.
Sie hielten sich für eine Idealistin, aber sie waren eine
Phantastin. Eine Träumerin. Sie schreiben, daß Sie
den schmalen Pfad der Einsamen gegangen seien,
nach den Sternen und nicht nach den Kronleuchtern
der Ballsäle geblickt hätten. Es hat auf diesem einsamen Pfad von Künstlern, Philosophen, Theologen
nur so gewimmelt. Der Große Brockhaus zählt unter
Ihrem Namen einige Berühmtheiten auf: Richard
Wagner, Friedrich Nietzsche, Romain Rolland und
— so heißt es — andere führende Geister Europas. Der
größte Komponist Ihrer Zeit, der größte Philosoph
Ihrer Zeit, ein großer Literat Ihrer Zeit; unerwähnt
bleiben die Fürstinnen und Kardinäle.
Wo Sie auch hinkamen, liebe Malvida, Ihr adliger
Name, Ihre sorgsame Erziehung, Ihre künstlerischen
Neigungen ebneten Ihnen die Wege. Dafür konnten
Sie nichts? Ich mache Ihnen Ihre Herkunft nicht zum
Vorwurf. Aber ich lasse sie auch nicht außer acht.

Sie haben Ihre Kindheit in einem vornehmen Haus verbracht, Ihr Vater war Minister am kurfürstlichen Hof in Cassel, Sie haben die Nachteile, aber auch die Vorzüge des höfischen Lebens kennengelernt. Sie haben sich nur schwer aus den Familienbanden gelöst und sich Ihren Lebensunterhalt nur deshalb selbst verdient, weil Sie nicht in materieller Abhängigkeit von denen leben wollten, von denen Ihr Geist sich gelöst hatte und die Ihre fortschrittlichen Ansichten nicht teilten. Sie haben aus Ihren Theorien die Konsequenz des Handelns gezogen, Sie, eine Aristokratin von Geburt und Erziehung, wurden eine Demokratin aus Überzeugung. Das war sehr nobel. Sie sind der Ansicht, daß man materielle Opfer nur von denen annehmen dürfe, mit denen man sich in vollständiger geistiger Übereinstimmung befinde, und daß man von jenen, denen man durch die eigenen Überzeugungen bitteres Leid zugefügt hat, keine Unterstützung verlangen könne. Was für Anforderungen stellen Sie an die Menschheit! Menschheit — das ginge ja noch, aber Anforderungen an jeden einzelnen! Heute, meine liebe Schwester, stellt man gewöhnlich die Ansprüche nicht zuerst an sich selbst, sondern an die anderen, an die Gesellschaft, den Staat. Besonders an den Staat!

Das bedeutet allerdings nicht, daß man den Staat nicht kritisieren dürfe. Das halten Sie für ausgeschlossen? Ein Beispiel: Sie kannten Georg Büchner? Seinen ›Hessischen Landboten‹? Oder sein Drama ›Dantons Tod‹? Büchner mußte wegen landesverräterischer Umtriebe das Land Hessen verlassen. Er vertrat radikale politische Ansichten, ebenso wie Sie. Er ging ins Elsaß, Sie flohen von Berlin nach England. Auch er entzog sich seiner Verhaftung durch Flucht. Nach diesem aufsässigen Dichter hat man heute einen sehr begehrten Literaturpreis benannt. Er wird mit Vorliebe an rebellische Dichter verliehen, und diese nehmen, gelegentlich mit Skrupeln, den Preis an und sagen bei der Preisverleihung dem Stifter des Preises, dem Land Hessen, ihre Meinung, unverblümt. Der Staat belohnt seine Rebellen! Erkennen Sie den Fortschritt? Jeder darf heute den Staat schmähen und trotzdem in dessen Diensten stehen. Denken, Sagen und Schreiben pflegt man vom Handeln zu trennen! Sie wurden gewahr, wie entbehrlich Regierungen in einer Anzahl von Angelegenheiten sind. Sie benutzen in diesem Zusammenhang sogar das Wort überflüssig. Törichte Schwester! Man ruft heute lauter denn je nach dem Staat. Der Ruf nach dem Staat — das ist eine stehende Redensart geworden. Der Staat ist es, der Pflichten gegenüber seinen Bürgern hat, die ihrerseits an ihn Steuern zahlen müssen. Der Bürger hat berechtigte Ansprüche, er kann für sein Geld etwas verlangen. Wenn eine Regierung seine Ansprüche nicht erfüllt, wird er sie nicht wieder wählen. Inzwischen haben wir ein allgemeines Wahlrecht, keine Wahlpflicht. Was schreiben Sie nur immer von Pflichten!

Sie waren der Ansicht, daß die Welt noch nicht am Ende des Wissens angelangt sei und daß der Fortschritt weitergehe, daß die Entwicklung des Lebens — und das war Ihr Trost — unendlich sei und der Tod nur der Übergang in eine neue Form des Daseins und daß die Atome, die einst eine Dichterstirn, ein begeistertes Herz bildeten, vielleicht in einer duftenden Blüte wiedererscheinen und ihre Wanderung von da in neue Menschenformen fortsetzen würden, und daß die herrlichen Gedanken, die jener Stirn entsprangen, die Liebe, die jenes Herz zu tröstenden Taten des Mitleids trieb, eingeflochten seien in die Unsterblichkeit der Lebensquelle, die von Mensch zu Mensch und von Geschlecht zu Geschlecht fortzeugend das Gute, Große, Schöne weckt.

Meine liebe Schwester und Kollegin, spielen Sie doch nicht immer mit Pedal! Eine Oktave tiefer, wenn ich bitten darf. Haben Sie das alles wirklich geglaubt? Kannten Sie keine Zweifel? Hatten Sie denn gar keinen Humor? Wo ist Ihnen das Lachen, die Selbstironie, vergangen? Bewundernd wiederholen Sie Goethes Forderung, daß der Mensch edel, hilfreich und gut sein solle. Sie bekannten sich dazu, eine Idealistin zu sein. Ich gelte als Moralistin, bin aber meiner Sache keineswegs sicher. Ich lache mich oft selber aus. Die Worte, die Sie ständig wiederholen, sind: Gerechtigkeit, Unabhängigkeit, Fortschritt, ja, vor allem Fortschritt. Wir fassen diese Begriffe heute in dem Wort Chancengleichheit zusammen. Ich zweifle — das müssen Sie mir glauben! — nicht an der Wahrhaftigkeit Ihrer Ideale! Sie selbst sind Ihrem Ziel sehr nahegekommen. Sie hatten Erfolg als Schriftstellerin, waren damals berühmter als Friedrich Nietzsche. Sie, die Sie in jungen Jahren andere bewundert hatten, wurden später selbst bewundert. Sie konnten in Italien, dem Land Ihrer Sehnsucht, leben. Sie sind auf einem der schönsten Friedhöfe der Welt begraben, in Rom, nahe der Cestius-Pyramide. Ich habe an Ihrem Grab gestanden. Pinien und Zypressen filterten das Sonnenlicht. Ich war beeindruckt von Ihren berühmten Nachbarn: der Sohn Goethes, die Dichter Shelley und Keats! Sie, die Atheistin, die sich rühmte, keiner orthodoxen Gemeinde anzugehören, sondern der großen Gemeinde derer, die das Gute, Hohe, Schöne lieben und sich bemühen, es in sich und um sich zu verwirklichen, liegen nun auf einem Friedhof, über dessen Eingang ›Resurrecturis‹ steht — ›Denen, die auferstehen werden‹. Das war wohl nicht in Ihrem Sinne.

Würden Sie mir zustimmen, wenn ich behaupte: Nur die Ungerechtigkeit ermöglicht das Glück? Sie sind als Privilegierte geboren, Sie sind als Privilegierte gestorben. Auf Kosten anderer. Sie haben ein paar Schritte auf dem Weg der Emanzipation getan. Der Gedanke, die Frau zur völligen Freiheit der geistigen Entwicklung, zur ökonomischen Unabhängigkeit und zum Besitz aller bürgerlichen Rechte zu führen, ist weitgehend verwirklicht. Die Frau hat dasselbe Recht zur Entfaltung ihrer Möglichkeiten durch Unterricht und Studium wie der Mann, sie ist ›vom Joch der Unwissenheit, des Aberglaubens, der Frivolität und der Mode‹ befreit. Oder doch nicht? Der Weg der Frau hat inzwischen eine andere Richtung genommen. Es geht uns heute mehr um allgemeine soziale Fragen, die Ziele sind kleiner geworden, sie gelten den Prüfungsergebnissen, der materiellen Versorgung im Alter, der Lohngleichheit, dem Schwangerschaftsabbruch. Die großen Ziele, die das eigene Ich, das Wir und die Vervollkommnung der Welt betrafen, haben wir dabei aus den Augen verloren.

Die Welt hat sich nicht in Ihrem Sinne verändert. Sie und Ihre Freunde strebten nach geistiger und seelischer Vollkommenheit. Heute strebt man nach vollkommenem Wohnkomfort, vollkommenen Kraftfahrzeugen, Badezimmern, Kinderzimmern, tadellosem Make-up. Was Sie am Ende Ihres langen Lebens befürchtet haben, ist eingetreten: Die materiellen Interessen haben die Macht über die Menschen gewonnen. Wenn wir heute von Fortschritt sprechen, was wir annähernd so oft tun, wie Sie es damals taten, meinen wir vor allem den technischen Fortschritt, und da haben wir Erstaunliches geleistet, ebenfalls im sozialen Bereich. Sie mußten sich mit Dienstboten behelfen, deren geistige Unwissenheit und ökonomische Abhängigkeit Sie zutiefst beklagt haben. Wir modernen Frauen lassen uns nicht mehr bedienen. Wir bedienen eigenhändig Haushaltsmaschinen aller Art, und die Dienstboten von einst arbeiten in Fabriken an sogenannten Fließbändern. Das Wort abhängig benutzen wir weiterhin, allerdings im Zusammenhang mit Lohn, lohnabhängig. Diese berufstätigen Frauen sind gewerkschaftlich organisiert. Arbeitszeit, Freizeit, Mutterschutz, Stillgeld, Weihnachtsgratifikation, Arbeitslosengeld, das alles ist tariflich festgelegt und wird weiter vervollkommnet.

Entschuldigen Sie, liebes Fräulein von Meysenbug, wenn ich schon wieder von materiellen Dingen rede. Aber auch das sind Fortschritte! Jeder und jede, oder doch fast jeder und fast jede, können heute dorthin reisen, wohin früher nur die Privilegierten reisen konnten. An die Mittelmeerküsten zum Beispiel, auf die Insel Ischia. Sie würden sich da nicht mehr wohl fühlen; es wimmelt von Touristen, die zwei Wochen Ferien dort verbringen, wo Sie in gesuchter Einsamkeit und gefundener Geselligkeit Monate verbringen konnten. Es traf sich günstig, daß alle Ihre Freunde in schönen Landstrichen schöne Sommersitze besaßen, an der englischen Küste ebenso wie an den oberitalienischen Seen. Wochenlang konnten Sie dort zu Gast sein.

›Oui, c'était quelqu'un!‹ — wie Sie das nannten — ›Ja, er war jemand‹. Mit gewöhnlichen Sterblichen scheinen Sie wenig in Berührung gekommen zu sein, allenfalls als Wohltäterin. Vermutlich hätten Sie, hundert Jahre später, mit Sartre im ›Café Deux Magots‹ gesessen, wären bei Karajans ein und aus gegangen, aber dazu, meine Liebe, hätten Sie sehr schön und sehr jung sein und bleiben müssen. Wem hätte Ihre Bewunderung und Freundschaft heute gegolten? Wären Sie mit dem Theologen Hans Küng in einer Talk-Show aufgetreten, um religiöse Fragen zu erörtern? Ich betrachte Ihr Bild und frage mich, ob Sie Picasso gefallen hätten. Ich frage mich außerdem, ob die berühmten Männer meiner Zeit Ihre geistigen und seelischen Höhenflüge mitgemacht hätten. Hat sich der Geschmack verändert? Die Ansprüche, die Männer an Frauen stellen, haben sich jedenfalls gewandelt. Im Dritten Reich hätten Sie Ihrer sozialistischen Ideen wegen emigrieren müssen. Vielleicht wären Sie bis in die rettenden Vereinigten Staaten von Amerika gekommen; das freie Amerika gehörte doch zu Ihren unerfüllten Lebenszielen. Rücksicht auf die Gefühle Ihrer Eltern hätten Sie in unserem Jahrhundert nicht nehmen müssen, das kann ich Ihnen versichern. Vielleicht hätten Sie in der Nachbarschaft von Thomas Mann gelebt, mit Pazifik-Blick. Er würde nicht versäumt haben, seine Eindrücke über die Idealistin M. v. M. mit liebenswürdiger Schärfe in seinen Tagebüchern festzuhalten.

Ich versuche mir vorzustellen, daß Sie häufige und wesentliche Telefongespräche mit Heinrich Böll geführt und ihm einen Teil der Last abgenommen hätten, die er ungewollt als Gewissen der Nation tragen muß. Vermutlich würden Sie, die 48erin Ihres Jahrhunderts, zu den Sympathisanten der 68er unseres Jahrhunderts, zu diesen jungen studentischen Rebellen, gehört haben. Auch Sie waren ungeduldig, wollten Ihre Ziele zu rasch verwirklichen. Eine Hausdurchsuchung wie jene vor Ihrer Flucht aus Berlin wäre auch heute nicht ganz auszuschließen.

Einer Ihrer großen Gedanken gefällt mir, ohne daß ich je wagen würde, ihn auszusprechen. Sie hielten es für denkbar und vernünftig, daß das Eigentum mit dem Tode dessen, der es erworben hat, aufhöre. Jedes Individuum würde zur Arbeit greifen müssen. Vielen Lastern, die aus Faulheit infolge angeerbten Reichtums entspringen, würde vorgebeugt. Der Gedanke leuchtet ein, für durchführbar halte ich ihn allerdings nicht. Teilen wollen auch heute nur jene, die von einer Teilung des Besitzes profitieren würden, nicht jene, die etwas Teilbares besitzen.

Geht Ihnen meine Nüchternheit auf die Nerven, liebe Schwester? Ihr ungebrochener Idealismus tut das bei mir ebenfalls. Sie plädieren zum Beispiel für die höchste Vollendung des Menschen durch die Kunst. Die edelsten Kunstwerke sollten — nach Ihren Vorstellungen — zu so billigen Preisen dargeboten werden, daß auch die Unbegüterten an ihnen teilhaben und dadurch zur Gesittung geführt werden könnten. Das seien die wahren Kulturaufgaben der Regierungen. Hohe Kunst könne besser gegen Roheit und Verbrechen wirken als Gefängnisse und Zuchthäuser. Wie soll ich es Ihnen klarmachen, liebes Fräulein von Meysenbug? Der Strafvollzug ist humaner geworden, aber nach Bayreuth oder nach Salzburg zu den Festspielen kann man die Einsitzenden von Strafvollzugsanstalten nicht schicken. Wegen des relativ kleinen Rahmens kann nur ein auserwählter Kreis an den Bayreuther Festspielen teilhaben. Das Bedürfnis nach diesem Kunstgenuß ist zweifellos vorhanden, er stellt ein großes gesellschaftliches Ereignis dar, aber die Eintrittspreise sind zu hoch für jene, an die Sie, die an der Seite des Meisters den Uraufführungen beiwohnen konnte, die Güte hatten, immer wieder einmal zu denken.

Ich gestatte mir, Sie als eine Freundin bedeutender Männer zu bezeichnen. Sie haben die Freundschaft zu vielen Männern der Liebe zu einem einzigen vorgezogen. Liebe Malvida! Sie fangen an, mir unheimlich zu werden! Wie haben Sie es fertiggebracht, diese Männer immer zu bewundern? Konnten Sie sich diese Freundschaften nur durch ständige Bewunderung erhalten? Ich habe mir die Mühe gemacht, einmal die Beiworte zusammenzustellen, mit denen die Biographen jener großen Persönlichkeiten Sie bedacht haben. Die kluge Malvida. Die verständnisvolle Freundin. Die besonnene Ratgeberin. Die treueste, hilfsbereiteste Freundin. Die Vermittlerin bei Unstimmigkeiten und Streitigkeiten. Ihr beruhigender Einfluß wird gerühmt. Sie haben dem sterbenden Richard Wagner Beistand geleistet, der sterbenden Fürstin Wittgenstein ebenfalls. Sie müssen eine integere Frau gewesen sein. Ihr Lebenswandel ließ keinen Klatsch zu. Sollten Sie ein wenig viktorianisch-prüde gewesen sein? Wurden Sie, nachdem Ihre erste große

Liebe unerfüllt blieb, mehr und mehr ein geschlechts-
loses Wesen? Nach Ihrer Ansicht macht die Liebe zu
einem Mann, selbst die Liebe zu einem Kind, die Frau
zur Sklavin. Sie schreiben: Geschlechtsfreuden müssen im Alter geradezu widerwärtig sein, weil ihr
Zweck, die Fortsetzung der Gattung, nicht mehr
erreicht werden kann. Der Ersatz für das Alter ist ja
die Geschlechtslosigkeit, die Ruhe vom Verlangen,
die Annäherung zum reinen Geistsein, die zweite
Jungfräulichkeit der Seele. Ich bin anderer Meinung,
liebe Geschlechtsgenossin, ich bin für Liebe! Sie
waren selig, wenn Sie Schopenhauer lasen. Ich habe
es versucht und einige Seiten in seinem Hauptwerk
›Die Welt als Wille und Vorstellung‹ gelesen. Eine
vergleichbare Seligkeit habe ich nicht verspürt.

Als Sie in Hamburg und später dann vor allem in Lon-
don Prostituierte gesehen haben, waren Sie tief
betroffen und entrüstet. Diese Unseligen mußten
dem Staat eine Taxe zahlen, um ihre scheußliche
Bestimmung ausüben zu dürfen! Auf diesem Gebiet
hat sich viel geändert. Man sieht die armen Geschöpfe
nur noch selten in den Straßen, es sind auch eigentlich
keine armen Geschöpfe, die Einkünfte sind eher gut
bis sehr gut. Diese Frauen haben zumeist Apartments,
die Werbung findet, wie andere Werbung auch, in
der Zeitung unter Angabe einiger Informationen
statt: Vorname, Hautfarbe, Oberweite. Die steuer-
liche Beteiligung des Staates an den Einkünften aus
diesem Gewerbe ist durch den Gesetzgeber noch nicht
befriedigend gelöst.

Dem Körper sein Recht auf Freude zu geben bedeutet, dem Geist die Freude wegzunehmen! Ist das wirklich Ihre Ansicht, liebe Kollegin? Eine Umfrage hat

vor kurzem ergeben, daß der Sex — wie wir das nennen — den höchsten Lebensgenuß verschafft. Eine Umfrage nach geistigen Freuden hat bisher nicht stattgefunden. Eine kürzlich erfolgte Erhebung unter Studenten hat erwiesen, daß die sexuell Befriedigten bessere geistige Leistungen erzielten. Es scheint sich bei Ihnen also um eine Verdrängung zu handeln. Verdrängungen hat es immer gegeben; heute werden die Ideale verdrängt. Wir benutzen das Wort ideal in anderer Bedeutung. Wir sprechen zum Beispiel von idealem Körperbau. Männliche und weibliche Schönheit wird prämiert.

Sie klagen, Sie müßten die Hoffnung mit ins Grab nehmen, daß die Frau kein Götzenbild, keine Puppe oder Sklavin des Mannes mehr sei, sondern daß sie als bewußtes und freies Wesen im Verein mit dem Mann an der Vervollkommnung des Lebens in der Familie, in der Gesellschaft, im Staat, in Wissenschaft und Kunst, an der Verwirklichung des Ideals im Leben der Menschheit arbeite. Ich vermute, liebe Kollegin, daß auch ich diese Hoffnung — sie ist ja auch meine, obwohl ich sie anders formuliere — ebenfalls mit ins Grab nehmen werde. Ein Blick auf die Titelbilder eines Zeitungskiosks würde Sie erröten, oder muß ich sagen erbleichen lassen? Über Ihre körperlichen Reaktionen haben Sie sich nie geäußert. Noch immer legen sich reiche Männer schöne und junge Frauen zu wie Schmuckstücke. Frauen benutzen ihren entblößten Körper wie Litfaßsäulen zu Werbezwecken und dokumentieren damit ihre neugewonnene Freiheit. Wir reden heutzutage ganz offen über Sexualität. Für Schriftsteller, auch Schriftstellerinnen, ist es ein Hauptthema, und natürlich für die Leser ebenfalls.

Das Interesse an diesem Thema ist in allen Bevölkerungsschichten gleich groß. Auch in Ihrem Jahrhundert hat es nachweislich Sexualität gegeben, biologisch hat sich der Mensch seither nicht wesentlich verändert oder vervollkommnet. Die Änderungen liegen im Gesellschaftlichen. Es leben viele Paare in freiwilliger, unlizensierter Gemeinschaft miteinander. Vermutlich würde Ihnen ein solcher Bund, der auf Unabhängigkeit und Selbständigkeit beruht, gefallen. Leider ist aber auch diese Form des Zusammenlebens kein Garant für Glück; nicht ideale, sondern materielle Erwägungen sind in der Regel ausschlaggebend.

Mehrfach, verehrte Schwester, haben Sie geäußert, die Frau solle nicht dem Mann gleich werden, sie solle nicht dessen Brutalität nachahmen, sondern ihm helfen, sich von allem Schlechten zu befreien, für die große Kulturarbeit der Menschheit. Sie wollten die Frauen und Mütter durch die Entwicklung ihrer geistigen Fähigkeiten würdiger machen, damit sie nicht nur die Erzeugerinnen, sondern auch die geistigen Bildnerinnen der Jugend werden könnten. Wie habe ich das zu verstehen? Keine eigene Karriere für die Frau? Was soll diese umfassend gebildete Frau tun, wenn ihre Kinder erwachsen sind und das Elternhaus verlassen haben? Sich ausschließlich um die Verfeinerung ihres Mannes kümmern? Unentgeltlich für die Vervollkommnung der Menschheit arbeiten? Auf eigenes Einkommen verzichten? Auf das eigene Auto? Das eigene Bankkonto? Auf Auslandsaufenthalte? Ihre Gleichungen gehen nicht auf. Ich muß schon wieder Wasser in Ihren reinen Wein gießen. Gerade die ökonomische Unabhängigkeit der Frau haben Sie doch oft gepriesen. Was das Ökonomische anlangt, so sind wir sehr viel weiter gekommen.

Dem brutalen Zeugungstrieb des Mannes, wie Sie es nennen, wollten Sie durch gesteigerte Bildung und Befähigung zu geistiger Produktion eine edle und natürliche Schranke setzen, damit weniger und edlere und vollkommenere Exemplare der menschlichen Gattung produziert würden. Die höchsten Typen müßten sich zusammenfinden. An dieser Stelle habe ich die Lektüre abgebrochen. Hören Sie, liebes Fräulein von Meysenbug! Ihre Ansichten sind elitär! Was Sie da vorschlagen, ist Zuchtauswahl! Sie versuchen, sich durch einen Hinweis auf die griechischen Götter zu rechtfertigen, die den Verkehr mit den edelsten Menschen gesucht hätten. Ihre Gedankengänge wurden im sogenannten Tausendjährigen Reich, das allerdings nur zwölf Jahre dauerte, aufgegriffen. Das ist Geist von Nietzsches Geist! Es hat solche Zuchtanstalten für rassisch hochwertige Menschen gegeben. Ob die Ergebnisse Ihren Ansprüchen genügt hätten, wage ich zu bezweifeln. Und was nun den brutalen Zeugungstrieb anlangt, so ist er heutzutage und hierorts unter Kontrolle, die sogenannte Geburtenkontrolle, gebracht worden.

Ich kenne Ihre Gegenargumente! Die Natur selbst sei aristokratisch. Sie gehe im Pflanzen- und Tierreich sparsam um mit den vorzüglichsten Organismen, ebenso wie bei den Menschen mit großen Geisteshelden. Mit der Masse dagegen sei sie verschwenderisch, als läge ihr nichts daran, daß Tausende untergingen, ohne nur einmal einen Moment der Gottähnlichkeit gefühlt zu haben. Und trotzdem, meine Liebe, beharren Sie auf dem Fortschritt für alle?

Heute hat man sich gegen das aristokratische Prinzip der auserwählten Begabungen entschieden und für das demokratische: gefördert wird jeder, ob er will oder nicht. Wir bieten den jungen Menschen beiderlei Geschlechts Chancengleichheit und versuchen damit, die Ungerechtigkeiten der Natur und der Herkunft weitgehend auszugleichen. Jeder kann Ansprüche stellen, an die Eltern, die Schule, die Kirchen, den Staat. Alle haben alle Rechte! Haben Sie wirklich angenommen, der einzelne müsse zuallererst einmal Ansprüche an sich selber stellen? Man müsse zunächst nach den Pflichten und dann erst nach den Rechten fragen?

Sie sind eine hoffnungslose Utopistin! Lassen Sie sich das von einer jener glücklichen Schwestern sagen, die ebenfalls eine Utopistin ist.

Kein Denkmal für Gudrun Ensslin

Rede gegen die Wände der Stammheimer Zelle

Ich will reden, wenn ich reden will, und nicht, wenn ihr wollt, ihr Scheißer! Und wenn ich gegen die Wände rede! Alle reden immer nur gegen Wände!
Warum ich auf Socken laufe? Weil ich meine Schritte nicht mehr hören kann: tapp-tapp, tapp-tapp. Wie eine Katze schleiche ich mich an, und dann mache ich einen Satz.
Ich mache einen Satz!
Undressierte Raubtiere hinter Gittern. Wir beißen und kratzen, und wir scheißen auf euch. Die große Raubtiernummer aus Stammheim, täglich in den drei Abendprogrammen des Deutschen Fernsehens. Fehlt nur noch das Laufgitter. Warum erhebt ihr keinen Eintritt? Alle mästen sich an uns, die Gefängnisaufseher und die Richter und die Journalisten und die Fotografen. Vor allem das Publikum. Wir kriegen nicht mal Gage. Wir machen euch seit Jahren jeden Tag eure Zeitungen voll. Wir bringen mehr ein, als wir kosten, Herr Springer! Zwölf Millionen Bausumme für die Strafanstalt Stammheim! Und was bringt ein Aufmacher in BILD? Ihr mauert uns ein, aber ihr kriegt uns nicht vom Fenster. Wenn wir nicht mehr um uns schlagen können, machen wir trotzdem noch Schlagzeilen: Die BeeRDe wird von Stammheim aus regiert!
›Der weiche Gang geschmeidig langer Schritte‹ — ›langer‹ ist falsch, Gudrun, konzentrier dich! Rainer Maria Rilke, ›Der Panther‹. ›Ihm ist, als ob es tausend

Stäbe gäbe, und hinter tausend Stäben —‹ Scheiße! Ihr
Säue, ich rede nicht mit euch. Ich rede mit keinem
mehr. Die Zellenwände sind immer noch besser als
eure Ohren. Nicht reden und nicht essen, nichts mehr
aufnehmen, nichts mehr von sich geben, aufhören zu
pissen und zu scheißen. Die totale Verweigerung. Ich
wollte mir alles verkneifen und bekam Blasen-
krämpfe. ›Geh zur Toilette, Gudrun, bevor du das
Haus verläßt!‹ Ich spür nichts mehr! Ich höre keine
Stimmen mehr. Ich lasse sie alle aufmarschieren,
Vater-Mutter-Schwestern-Brüder — Sense! Wenn
ich mir die Nadel des Plattenspielers in den Arm
bohre, kommt kein Blut mehr. Ich könnte im Zirkus
auftreten und mich in zwei Stücke sägen lassen.
Illusionshaft ist Mord! Illusion — Isolation, I-so-la-
tion, du mußt deine Gedanken ordnen, die Worte
ordnen, letzte Worte, ›les belles choses‹. Verdammte
Chose! Ich glaube an die Revolution — irgendwas
muß man doch als letztes sagen. Ob es nun jemand
hört oder nicht! ›Der Vater im Himmel hört alles,
mein Kind!‹ Ja, Papa! Ihr werdet mich auf eurem fet-
ten Gewissen haben. Ihr seid schuld an meinem Tod.
Was ihr macht, ist Massenmord. Die Masse mordet
den einzelnen! Ich atme doch noch. Ich hauche und
fauche. Einatmen — Ausatmen — Nichtmehratmen.
Fünf Atemzüge von Wand zu Wand, es geht auch mit
dreien und mit zwei Luftzügen. Meine Augen brennen vom Neonlicht. Als hätte ich geheult. ›Sogar
deine Tränen sind trocken‹, warum vergesse ich denn
deine blöden Sätze nicht, Vesper. Ich male mir auch
hier dicke schwarze Lidstriche. Mein Gesicht gehört
mir. Anders kriegt ihr mich nicht, wie die adligen
Damen vor der Guillotine. ›Die letzte am Schafott‹,

Gertrud von Le Fort, klassisches Beispiel einer deutschen Novelle. Vergleiche die Milly aus Becketts ›Glückliche Tage‹ mit der ›Letzten am Schafott‹! Erst schminken sie sich, und dann stecken sie sich die Handgranaten in die Tasche. Na und? Wem paßt das nicht, Herrn Springer? Paßt euch unser Terroristen-Look nicht? Wollt ihr uns alle in Uniformen und Roben stecken? Die Aufpasserinnen können einem leid tun, lebenslänglich Stammheim, jeden Tag rein in den Knast, raus aus dem Knast. Das Wort Mitleid kannst du aus deinem Wortschatz streichen, Gudrun. Mitleid kannst du dir nicht leisten. Am ersten Tag hätte ich in eure weißen Fleischarme beißen mögen, aber ich habe euch nur angefletscht, damit ihr vorsichtig seid. Winnie — sie heißt Winnie und nicht Milly! Winnie und Willie im Atomstaub, Adam und Eva am Ende aller Tage. Mein Schwiegervater: der bedeutende deutschsprachige Dichter Will Vesper! Will, nicht Willie! ›Heilig Vaterland, in Gefahren/ deine Söhne sich um dich scharen‹ — Was hältst du denn von den Töchtern des heiligen Vaterlands, du Nazi-Schwein! Du hast die Leute dumm und dämlich gemacht mit deinen Gesängen. Die Frage nach dem Glück hat sich mir nie gestellt. Ihr Arschlöcher!

Ja, ich nuckle an meinem Arm, Mutter, auch wenn du es hundertmal verboten hast. Ich mache mir meine Knutschflecken selber. Ich bin keine Bezugsperson mehr. Ich bin nicht mehr die Pfarrerstochter aus Cannstatt, ich bin nicht mehr die Schwester meiner Geschwister, ich war nie mit dem hochbegabten Schriftsteller Bernward Vesper verheiratet, ich bin keine Lehrerin und ich bin nicht die Mutter eines Kindes! Wenn ihr das doch endlich begreifen wolltet! Es kann euch doch scheißegal sein, in welchem Verhältnis ich zu Andreas Baader stehe. Wenn ich tot bin, wenn ich tot sein werde — benutze die Zeitworte richtig, Gudrun! —, könnt ihr um euer verirrtes Kind trauern und für die Tote beten, daß Gott ihr gnädig sei. Amen. ›Der irdischen Gerechtigkeit kann man sich entziehen, nicht aber der Gnade Gottes.‹ Warum kann ich mir Vaters Sprüche nicht aus dem Kopf reißen wie Unkrautbüschel? ›Der Herr lasse leuchten sein Angesicht über dir und sei dir gnädig.‹ Über deiner Tochter leuchtet Neonlicht, Papa! Ich brauche eure Gnade nicht! Erst die Worte von der Kanzel, dann die vom Katheder — ich scheiße drauf! Es macht mir nichts mehr aus, Scheiße zu sagen, aber es befriedigt mich auch nicht mehr. Bist du damit zufrieden, Mutter? Welche Erwartungen habt ihr denn gehegt, als ihr die vielen Pfarrerskindermüllersvieh hergestellt habt? Ihr habt doch immer ›gehegt‹! Lauter Gotteskinder? Wie sollte ich denn mein Kind vor der Welt behüten? Wie behütet man denn Kinder? War es nicht besser, für mein Kind und alle künftigen Kinder die Welt zu verändern? Empfängnis, Schwangerschaft, Geburt und der Vorgang des Stillens waren wichtig für meine Selbstfindung! ›Gudrun, verwende in deinen Aufsätzen weniger Ausrufungszeichen.‹ Name des Kindes: Felix. Beruf des Vaters: ausgeflippter Intellektueller, Tod durch Erhängen. Beruf der Mutter: Terroristin, Mörderin, Brandstifterin, z. Zt. Stammheim.

Ich reagiere nicht mehr. Kein Stichwort sticht. Ich spüre nichts. Warum rührt sich denn mein Mutterinstinkt nicht? Ich bin wie vereist. Man soll mich vereisen, damit ich in hundert Jahren sehen kann — werde sehen können —, was aus unserer Studentenbewegung geworden ist. Eine Geschichtszahl, ein Name, die heilige Gudrun und die heilige Ulrike und der heilige Andreas. Allerheiligen aus Stammheim. Vesper mit seinem Vater-Komplex und ich mit meinem Vater-Komplex und Felix mit seinem Vater-und-Mutter-Komplex, da muß man doch verrückt werden. ›Es ist nur eine dünne Wand zwischen Irrsinn und Verstand.‹ Ich hätte Politik im Bauch? Hast du was dagegen? Was hast du denn im Kopf? Du sabberst aufs Papier, du literarischer Bettnässer! Du warst der Erzeuger eines Kindes und kein Vater, und ich habe ein Kind ausgetragen und war keine Mutter. Dein ewiges: Ich muß schreiben! Deine Scheißdialektik, auf den Tripp gehen-abfahren-ankommen-starten-landen-träumen-flippen-ausflippen-flippern, du ausgeflipptes Miststück! Und für dich habe ich mal schwarze Kerzen angezündet! Was du brauchtest war eine Fickmieze. I hate! I hate! Was anderes konntest du ja nicht als hassen. Den Vater und das Vaterland und die Leute, die du vegetables nanntest, weil es auf englisch noch verächtlicher klingt. Selber niemanden lieben, aber geliebt werden wollen, und ich Idiot, ich bin darauf reingefallen. Liebstdumich? Liebstdumich-immerundewig? Dieses verdammte Versöhnungsfikken. Ein Kind hat mir ein Kind gemacht, und ich bin aufs Mutterrad geraten, und das dreht sich und dreht sich! ›Gudrun, vermeide Sätze, in denen gleichklingende Wörter wie Rad und geraten unmittelbar aufeinander folgen.‹ Ich sehe jetzt alles, ganz nüchtern. Das Kind mußte Felix heißen, damit die vegetables merken sollten, was für ein glückliches Kind in eine Welt hineinwuchs, die seine Eltern verändert hatten von Grund auf, nicht Schrittchen für Schrittchen. Und dabei hat es noch mehr Pech gehabt mit seinen Eltern als seine Eltern mit ihren Eltern und deren Eltern. Hättest du nicht auf das Kind aufpassen können, als die Bullen mich geschnappt hatten? Sie haben es mit Intellektuellen zu tun, hoher Herr Gerichtshof, ersparen Sie uns die Kommentare! Ich konnte das Kind nicht mit ins Gefängnis nehmen und auch nicht mit auf die Flucht. In meinem besonderen Falle trachtete Herodes der Mutter nach dem Leben und nicht dem Kind, Papa! Was schickt ihr mir denn diese verdammten Fotos. Ich will keinen mehr sehen! Dieses weinerliche Gesabber: Weißt du noch, unser erster Sommer? Denk doch an die Parkbank in Tübingen! Als ob der Neckar was damit zu tun hätte. Du hast nichts begriffen. Ein paar Flugblätter verteilen. Das war's. Papier. Man könnte genausogut Drachen steigen lassen. Es muß doch andere Verständigungsmöglichkeiten als Papier und Bomben geben. Man muß den Leuten wegnehmen oder zerstören, was ihnen lieb ist, ihre Macht und ihr Geld, begreift das doch! ›Es ist leichter, destruktiv als konstruktiv zu sein.‹ Ich will nicht darüber nachdenken, was aus dem Kind werden soll. Ich habe mein Kind einer großen Idee geopfert. So kann man sagen, den Satz lasse ich gelten. Studentenbewegung. Politisierungswelle, daraus ist ein Sturm geworden, der die ganze westliche Welt erfaßt hat. ›Horch, Kind, horch, wie der Sturmwind weht!‹ Ich will nicht in eurem Strom schwimmen, ich will nicht gegen den Strom schwimmen, ich bin eine Sperrmauer im Strom der Zeit! — Dieses widerwärtige Pathos, das habe ich von dir, Vater. Immer fallen mir ganze Sätze ein, Fertigfabrikate. Übungssätze.

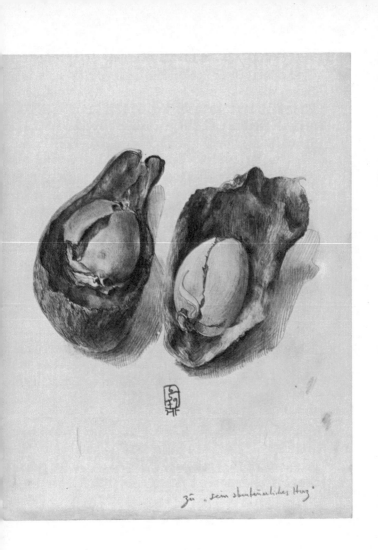

zu „sein sbentäuerliches Herz"

Die geborene Lehrerin: Bilde die weibliche Form von Hausbesitzer, Hausbesetzer, Politiker, Kapitalist. Feministin, Fanatikerin, Terroristin. ›Woher der hohe Anteil von Frauen unter den Terroristen?‹ Als ob das jetzt noch eine Rolle spielte. Männer — Frauen. Wir sind geschlechtslose, gehetzte Wesen, immer kurz vor der Falle oder schon in der Falle, im Kopf nur noch Fluchtpläne und Befreiungsaktionen. Im Bauch ist Sense. ›Man kann mit den Frauen nicht mehr alles machen, aber Frauen können alles machen.‹ Kapiert? Wir rebellieren wie die Männer und werfen Bomben wie die Männer, wir sind furchtloser als sie, wir haben nichts zu verlieren. ›Polizisten sind Schweine, auf die geschossen werden darf.‹ Gut so, Ulrike! Der Satz hat Schlagzeilen gemacht! Wie die Geier haben sie sich darauf gestürzt, das war ein gefundenes Fressen. Auf Geier darf auch geschossen werden. Wenn man erst anfängt, gibt es keinen, auf den man nicht schießen dürfte. ›Das Bedürfnis, sich zu verteidigen, hat sich im Laufe der Jahrhunderte in den Frauen angestaut.‹ Eure kapitalistische Ordnung läßt sich doch nur mit Gewalt aufrechterhalten. Kinder werden von ihren Eltern zu Tode geprügelt. Falsche technische Voraussetzungen sind schuld an Hunderttausenden von Verkehrstoten. Gesellschaftliche Mißstände sind schuld an Alkoholtoten und Drogentoten und Selbstmordtoten. Weil man so nicht leben kann, kapiert?

Warum schreien Sie so, Angeklagte Ensslin? Warum brüllen Sie Ihre Parolen gegen die Wände? Unsere Wanzen sind nicht schwerhörig.

Ich schreie, bis ich keinen Zahn mehr im Mund habe! Wir haben uns in die Räder der Geschichte geworfen und sind in die Speichen geraten. Scheiße! Dieses Gequassel in Bildern und Gleichnissen. Wie eine schwäbische Pfarrerstochter. Das ausdrucksvolle junge Gesicht der Gudrun Ensslin! Alle die glatten Mädchengesichter auf den Fahndungsplakaten! Und? Ist was? Die Verfolger, die Ankläger, die Verteidiger — lauter Männer, die Jagd machen auf ein paar Frauen. ›Wir sind Märtyrerinnen einer großen geistigen Bewegung! Die Angst vor Bomben kann man nur überwinden, indem man selber Bomben wirft.‹ Nicht schlecht, Gudrun! Im Luftschutzkeller soll ich immer begeistert Bombe gerufen haben. Bombe! Bombe! Dreimal lebenslänglich. Gemeinschaftlich, heimtückisch. Was noch — noch was? Aus niedrigen Beweggründen getötet und zu töten versucht. Ihr Scheißer, ihr verdammten Scheißer! Wir sind keine Kriminellen. Wir machen Politik mit anderen Mitteln, aus den gleichen Gründen macht ihr Kriege. Ihr könnt uns den Prozeß machen und ihr könnt uns verurteilen, aber ihr könnt die Politik nicht rauslassen. Unsere Kriminalität ist politisch und eure Politik ist kriminell. Wir waren stärker als die Polizei. Die Terroristen von heute sind die Politiker von morgen. Politik findet auch im Gerichtssaal statt! Politik findet überall statt, im Bett und im Kindergarten und in der Schule. Überall wird unterdrückt und gefoltert und Macht ausgeübt. Terror! Gudrun, übersetze das Lateinische terrere ins Deutsche! Terrere gleich schrecken, erschrecken, terrorisieren gleich Terror ausüben, Schrecken verbreiten, unterdrücken, geistig vergewaltigen.

Aber wir haben doch nur den Kampf gegen die Vorherrschaft des Profits aufgenommen. Nach diesem

Gesetz sind wir angetreten. Noch einmal: Wir sind politische Gefangene! Wir sind keine Kriminellen! Kapiert? Ich frage Sie, Herr Oberster Gerichtshof, wie lange ist lebenslänglich für jemanden, der hungert? Den ihr jederzeit an den Tropf hängen könnt? Was macht ihr, wenn ich mich selber erhänge? Wollt ihr mich dreimal umbringen? Isolation ist Folter! Ich bestimme das Datum meines Todes selber. Ihr habt keine Macht über uns. Zwangsernährung? Ernährt doch erst mal die, die essen wollen. Millionen von Menschen hungern! Ihr wollt die Öffentlichkeit mit unserem Prozeß nur ablenken von euren Atomraketen, mit denen ihr alle — alle — alle! ausrotten könnt. Und uns haltet ihr die paar Toten vor. Eure Rechnung geht nicht auf.

Wenn wir in unseren Zellen Platten hören und Bücher lesen dürfen, warum habt ihr mir nicht Kafkas ›Hungerkünstler‹ gebracht? Warum hungert der Hungerkünstler bei Kafka? — Aufsatzthema für die 12. Klasse. Tag und Nacht auf dem Trapez, wörtlich zitiert. Warum hungert Gudrun Ensslin? Sie kann nicht mehr essen, sie bekommt den Kiefer nicht mehr auseinander, sie mahlt und knirscht mit den Zähnen. Die Kinder in Biafra hungern aus Hunger. Ich hungere, du hungerst, er sie es hungert. ›Wir hungern und dürsten nach Deiner Gerechtigkeit.‹ Man hat das Kind mit diesem hohen Anspruch an die eigene Leistung erzogen. Bekannte Politiker sind in ihrem Elternhaus ein- und ausgegangen. An einem Hungerkünstler verliert die Öffentlichkeit nach vierzig Tagen das Interesse und wendet sich anderen Ereignissen zu. Oder waren es vierzehn? Wenn man uns nun vergißt? Wenn keiner mehr in unseren Trakt kommt? Und auch die Geier das Interesse an uns verlieren? Erst wenn man uns totschweigt, sind wir wirklich tot. Wie lange wird man noch wissen, wer Gudrun Ensslin war? Die Rosa Luxemburg der siebziger Jahre! Wenn man alles erreicht hat, bleibt als Konsequenz nur der Selbstmord. Wenn man nichts erreicht hat, bleibt als einzige Konsequenz nur der Selbstmord. ›Sind zwei Größen einer dritten Größe gleich, dann sind sie auch untereinander gleich!‹ Lehrsätze aus der Mathematik. Das Leben ein Curriculum.

Gebt doch zu, daß ihr Angst vor uns habt! Daß ihr uns vernichten wollt, verbrennen wie die Hexen. Allerheilige von Stammheim steht mir bei! ›Sprengsätze statt Übungssätze‹ — die Lebensgeschichte einer Lehrerin, exklusiv für STERN. Was zahlt ihr Schweine denn? Zählt die Lieblingswörter eurer Lehrerin auf: Jetzt-schnell-vorwärts-unterwegs-sofort-verändern-spontan-heute-radikal. — Wer von euch weiß weitere Wörter?

›Der Tod als letztes Fanal‹. Gudrun Ensslin als Aufmacher. Das letzte Band aus der Todeszelle. Braucht ihr noch Zwischentitel? Ihr letzter Wunsch galt der Wimperntusche. Bilde vollständige Sätze mit Hilfswörtern und Zeitwörtern und Ausrufungszeichen! Wer redet, ist nicht tot. Ich lebe noch! Und niemand hört meine Worte und keiner meine Schritte. Schlaft! Schlaft den Schlaf der Gerechten! Aber morgen früh ist es mit eurer Ruhe vorbei, und dann haben wir drei unsere Ruhe. Schießen-erschießen, bilde die transitive und die intransitive Form von schießen.

Jeder zum Tode Verurteilte hat einen letzten Wunsch frei. Ich hätte diesem Ich-versuche-doch-Sie-zuverstehen-Geistlichen meinen letzten Wunsch offenbaren können, aber ich bekam die Zähne nicht auseinander. Wenn ich diese Leute sehe, kriege ich Kiefersperre. So ein Krampf! Man soll uns in ein gemeinsames Grab legen! Hört ihr? Ihr Scheißkerle! Werft uns zusammen in die Grube! Wir kommen hier nicht mehr raus. Dies ist die letzte Falle. Jetzt habt ihr uns. Bravo!

Todesursache: Erhängen. ›Er hat sich auf dem Dachboden erhängt!‹ Auf dem Land ist das üblich. Ich bin eine Pfarrerstochter vom Land. Keine Scheune und kein Strick, aber das Kabel des Plattenspielers und ein Fensterkreuz. Das ist längst abgesprochen. Euer Kontrollsystem funktioniert nicht. Wir sind euch an Intelligenz überlegen. Ihr könnt uns nicht trennen. Nur der Tod kann uns trennen. Oder auch nicht!

Früher wußte ich doch mal, wie ich mir richtiges Leben vorstelle, und jetzt stelle ich mir eine Wohnung vor, die kein Unterschlupf ist, und denke an monatliche Gehaltsüberweisungen und nicht an Bankeinbruch. Der Wecker soll klingeln, und ich stehe auf und dusche und ziehe Felix an und koche Kakao für ihn und bringe ihn zur Schule — paß auf, wenn du über die Straße gehst! — und lasse Übungssätze schreiben, trinke Kaffee im Lehrerzimmer und rede über das Fernsehprogramm und über Ferien auf Sylt. Wir sparen für ein Häuschen im Grünen.

Mir ist schlecht! Es kotzt mich an, ich kotze euch an! Aus der Isolationshaft ist eine Illusionshaft geworden. Kein Denkmal für Gudrun Ensslin. Keine Zeile im Geschichtsbuch. Auszug aus der Geschichte, der kleine Ploetz. ›Es ist nur eine dünne Wand zwischen Irrsinn und Verstand.‹

Die Liebe hat einen neuen Namen

Die Rede der pestkranken Donna Laura
an den entflohenen Petrarca

Du bist geflohen, Francesco! Du hast die Stadt verlassen, als man die toten Ratten am Ufer der Rhône fand. Ich weiß, du bist ängstlich, alle Dichter sind ängstlich. Du schreibst über den Tod, aber du liebst das Leben. Auch die Diener sind geflohen, bis auf Milli. Sie wäre ebenfalls geflohen, aber der Herr de Sade hat einen Wächter vors Haus gestellt, der niemanden hereinläßt und keinen hinaus. Auch sie will leben. Auch ich will leben. Aber ich sterbe, Francesco, ich sterbe an der Pest, und du fliehst die Pest. Dein schönes Bild von Donna Laura ist dahin. Man wird mich in ein Faß stecken und in den Fluß werfen wie die anderen Toten. Milli bekreuzigt sich, wenn sie in meine Kammer tritt. Schüttelfrost und Fieber peinigen mich. Milli hat mich in Decken gehüllt und mir heiße Ziegelsteine unter die Laken geschoben.
Es ist gut, daß du mich nicht siehst! Ich gleiche nicht mehr dem Bild, das du dir von mir gemacht hast, Francesco. Jener erste Blick in der Kirche Santa Chiara! Es war ein Karfreitag. Im Todesschatten dessen, der zuvor mein Herr gewesen war. Du wanktest unter meinem Blick und suchtest Halt an einer Säule, bis ich meinen Blick von dir nahm. Ein Lächeln, als ich dich ein zweites Mal erkannte, am Ostermorgen. Unsere Schultern haben sich berührt, versehentlich, ich trat durch eine Seitenpforte in die Kirche. Es war erst gestern. Es war vor zwanzig Jahren! Am Anfang hätte ich mein Leben für den Augenblick gegeben,

einmal nur deine Hand auf meiner Wange spüren! Einmal die Stirn an deine Stirn legen dürfen! Ich fieberte, sobald ich daran dachte. Das war ein anderes, ein junges Fieber. Deine Blicke drangen durch meinen Schleier, drangen durch meine Lider, die ich niederschlug. Petrarca! Du hast meine Augenlider durchlöchert, es wurde nie mehr Nacht!

›Unsterbliche Geliebte!‹ Aber ich war sterblich, Francesco! Ich war sterblich verliebt! Nach meinen Gefühlen hast du nie gefragt. Ach, hättest du mich bei der Hand genommen! Ein Wort — ich wäre dir gefolgt. Ich hatte Mut, aber du meintest Anmut. Ich lernte meine Blicke zu beherrschen und beherrschte meine Schritte. Ich hielt die Zügel meines Pferdes kurz. Nur einmal ließ ich es unbedacht an einer Quelle trinken, da wieherte es laut und stieg und stob mit mir davon. Das Tier besaß mehr Vernunft als seine Herrin. Es fand seinen Stall, fand seine Futterkrippe, ein Knecht kam und rieb es trocken, und Milli kam, zog mich in meine Kammer, damit niemand meine zerrissenen Kleider sehen sollte. Wir stopften lange daran. Milli, die Kupplerin! Sie wollte zu dir gehen bei Nacht, wollte dir Billette bringen. Dieses Hin und Her von kleinen Briefen. Sie wollte — nachts! — die Pforte, die zum Hof führt, für dich öffnen, wollte Wache stehen, wie andere Mägde es in anderen Häusern taten. Dann wieder wollte sie mich unbemerkt zum Palast der Colonnas führen, wo du wohntest, wo es eine Seitentüre geben sollte. Ich hielt mir die Ohren zu, aber meine Hände wurden zu Muscheln, und ihre Worte rauschten in meinen Ohren. Ich habe ihr nicht verboten zu schwätzen, wie die Mägde schwätzen. Ach, Milli! Nichts, ich brauche nichts, Milli, setz dich ans Fenster!

Deine Blicke küßten meine Augen. Verborgen hinter meinem Schleier sah ich, daß deine Lippen meinen Namen formten, das L, das A, das U und R und A. Du warfst dich — vorm Portal der Kirche! — auf die Knie. In Gegenwart des Herrn de Sade. Ich sagte rasch: Er muß gestolpert sein. Kennst du den Herrn? Mein Mann nahm dich nicht ernst, sonst hätte er den Degen ziehen müssen, abschätzig sagte er: Ein Poet! Später, als er deinen Namen kannte, als er wußte, daß du bei den Colonnas lebtest wie ein Sohn, daß du am Hof der Päpste ein und aus gingst, da klang es anders: Ein Poet!
Ich zog den Schleier über mein Gesicht, du schienst es zu erwarten. Ein anderes Mal schob ich ihn mit der Hand beiseite, als hätte der Wind, der um die Kirchenecken fegt, nach ihm gefaßt. Das eine Mal gab ich mich stolz, das andere Mal sanft und mild, einmal ablehnend-grausam, dann wieder andächtig-fromm. Sittsame Anmut hast du mir bescheinigt. Auch Wildheit und auch Härte. Was hast du je von meiner Wildheit wahrgenommen? Hast du gesehen, wie ich dem Pferd die Sporen gab? Wie ich mit einem einzigen Sprung den Bach durchquerte? Ich war kein himmlisches Wesen, ich war kein Engel. Dafür würde später noch genügend Zeit sein, dachte ich. Aber wie hätte ich es dir sagen sollen? Du nahmst keines meiner Zeichen wahr.

Ich ging immer zur gleichen Stunde in jene Kirche. Und sah dich nirgends, Francesco! Ich kehrte um und ging ein zweites Mal, als hätte ich noch zu wenig gebetet. Ich fragte meinen Gatten: Was hört man von diesem Signore aus Italien, wie heißt er doch, heißt er nicht so ähnlich wie Petrurca? Er gab mir Auskunft. Er schreibt Briefe an Könige, sagte er mit Achtung in der Stimme. Er weilt an Höfen! Ich wiederholte: Petrarca schreibt Briefe? Ist das eine Tätigkeit für einen Mann? Ich habe dich vor ihm verspottet, nur um deinen Namen nennen zu können. Seine Eltern stammen aus Florenz, berichtete er weiter, sie mußten fliehen. Später hat er seine Studien in Bologna beendet. Er lebt bei den Colonnas, nicht wie ein Freund, nein, wie ein Bruder, wie ein Sohn. Ich sagte: Sieh an! Und: Wirklich? Ich aß in kleinen Bissen, bat meinen Mann um einen zweiten Becher Wein, damit er weiter von dir spräche, dabei wußte ich doch alles längst von Milli. Nur einen Satz, den hatte ich noch nicht gehört, mein Gatte wiederholte ihn mit Achtung. Er stammt von Petrarca, sagte er, ein mutiger Satz für einen Dichter. ›Gott hat seine Schäflein dem Papst, unserem heiligen Vater, zu nähren und nicht zu scheren befohlen!‹ Ich mußte lachen! Wir hatten Lammfleisch auf dem Teller. Ich nahm ein Stück, schob es in seinen Mund und lachte, ich hatte gut gelernt, wie man seinen Herrn behandeln muß. Aber diesmal hatte ich mich falsch verhalten, er blickte mich ernst an, tat meine Hand beiseite und sagte: Ich spreche von einem Dichter! Ich spreche vom Papst, von Gott! Ich lachte trotzdem. Ich war übermütig an jenem Tag, ich wollte plaudern. Das Lamm stammt aus dem Lubéron, Milli hat es in einer Sauce aus frischer Minze zubereitet. Er mißbilligte mein Benehmen, leerte den Becher, schob den Stuhl zurück, verließ den Raum.

Aber, er machte kehrt. Nur um zu sagen: Es wäre gut, wenn dieser Petrarca, der dich zu schätzen scheint, mir Zugang in das Haus der Colonnas verschaffen könnte! Ich lächelte, hob ratlos die Schultern. Was ging es mich an, ob der Herr de Sade dorthin ging oder nicht? Wären wir reich gewesen und hätten wir ein Landgut vor den Toren der Stadt besessen, du wärest bei uns ein und aus gegangen, Francesco! Wir hätten auf der Altane unseres Palastes gesessen und geplaudert. Aber, was hätten wir uns sagen sollen? Sprechen ist etwas anderes als Schreiben. Das eine gilt für jetzt, das andere für immer.

Dann kam Milli eines Tages vom Markt zurück, zog einen Zettel aus ihrem Mieder! Es stand ein Vers darauf, den wir nicht lesen konnten, nur den Namen Laura entdeckte ich, dreimal! Darüber stand: ›Madonna Laura‹. Carlo, der für den Papst kocht und ein Italiener ist, hat ihr gesagt, was auf dem Zettel stand. Von nun an fand sie Zettel auf dem Markt, dann wieder auf der Brücke. Du schienst sie achtlos zu verstreuen, als könnte niemand italienisch lesen in der Stadt. Bevor ich erfuhr, was auf den Zetteln stand, hat Carlo es gelesen, so gut er konnte, hat es für Milli übersetzt. Sie lernte italienisch, und ich auch, ein Küchen-Italienisch. Warum hast du nicht in meiner Sprache geschrieben, die so schön ist? Du schriebst von amore, und wir sagen amour.

›Ein Weib, das schöner als die Sonne war, noch leuchtender und ihr an Alter gleich.‹ Was meintest du damit? Die junge Sonne? War nicht schon Mittag?

Mein Monsieur, der Herr de Sade! Man hinterbrachte ihm, was vorging. Von Canzoniere war die Rede, nicht von Chansons. Er las mir einen deiner Verse vor. ›Nicht wie die Menschen schreitet sie einher/ Nein, Engeln gleich, und ihrer Worte Laut/Erklingt auch anders wie aus Menschenmund.‹ Du hast aus Donna Laura eine Heilige gemacht: Madonna Laura. ›Du hast mit ihm gesprochen?‹ fragte er. Ich hob die Schultern und verneinte. Es war die Wahrheit. Auf keinem deiner Blätter stand ein Satz, den mein Beichtvater nicht hätte lesen dürfen! Du liebtest meine Tugend. Du wolltest meine Tugend erhalten. Sie war das Kostbarste an mir. Am späten Nachmittag, wenn es ein wenig kühler in den Gassen war und ich meine kleine Promenade machte, blieben die Leute stehen, wiesen mit dem Finger auf mich und sagten: Da kommt Donna Laura, die Petrarca liebt. ›Du süßer Quell der Freude!‹ rief man mir nach. Ein anderes Mal: ›Nie hat ein schönrer Fuß die Erde je berührt!‹ und alle blickten sie auf meine Füße. Und mein Monsieur? Er schwankte zwischen Eifersucht und Eitelkeit und Hoffnung auf Beziehungen zum Palast des Papstes. Er blickte mich mit neuen Augen an, mit deinen Augen.

Kinder malten mein Gesicht an die Pforte unseres Hauses, wie Kinder Köpfe malen, Striche, Kreise, darunter stand: Madonna Laura. Ich trug mein Haar unter einer Haube verborgen, aber die Leute wußten: ›Die goldnen Haare flatterten im Wind.‹ Wenn ich nach Santa Chiara ging, fielen junge Mädchen auf die Knie, seufzten und flüsterten: ›Madonna Laura!‹ Ganz Avignon bewachte mich. Allen voran mein Monsieur. Ein Dichter rühmte die Schönheit seiner Frau und rühmte ihre Tugend! Er sah mich an, als sei ich eine der Statuen am Portal der Kirche. Ich hatte

zwei Bewunderer und keinen Gatten mehr und keinen Geliebten!
Mich fiebert, Milli!

Du schriebst von Tränen. Meine Tränen flossen. Du bewahrtest die Tränen in Säcken unter deinen Augen auf. Für. wen? Wir wurden alt darüber, Francesco. Du erblicktest mein Gesicht in jeder Wolke, im Geäst der Bäume, im Nebel, überall war Donna Laura gegenwärtig. Und rittest fort. Ich wußte es von Carlo, der für die Päpste kocht. Du warst in Rom, es ging um Lorbeer für den Dichter. In deinem Herzen wohnend, war auch ich in Rom. Und dennoch neidete ich Milli ihren Koch! Ich hätte ihr verbieten müssen, zu erzählen, was sie erzählte. Wie sie sich heimlich mit ihm traf, im Gebüsch am Ufer, unter den Gewölben des Palastes der Päpste. Ihre Kleider waren vom Mehl bestäubt. Sie brachte mir die süßen, bitteren Amaretti mit, Nougat und kandierte Früchte, die Herren Kardinäle liebten Süßigkeiten. Wir naschten und wir tuschelten.

Milli! Schläfst du? Bring mir ein wenig Nougat! Milli, hörst du mich? Stirb nicht vor mir! Ach, der Saft der bitteren Orangen! Trink, trink auch davon, Milli, trink aus demselben Becher! Willst du denn weiterleben, willst du länger leben als deine Herrin? Niemand wird dich nehmen, du bist halb taub. Wir hatten es doch gut, wir waren oft lustig. Ich sah dir zu, wenn du die Stiege fegtest. Ich lobte dich doch auch. Du hast mir treu gedient, behalt den Becher! Wisch mir den Schweiß ab, bring mir frische Laken! Warum öffnest du die Fenster nicht?

Wo war ich denn mit den Gedanken? Wir naschten Amaretti, die kleinen süßen Kuchen aus Honig und gemahlenen Mandeln. Bei Tisch bekam ich wenig zu essen. Mein Monsieur war der Ansicht, daß es mir nicht ziemte, Wein zu trinken, die Speisen zu genießen, die reichlich auf dem Tisch standen. Ich sollte rein und nüchtern bleiben. Der Herr de Sade bestimmte, was sich ziemte. In Wahrheit lenkte Petrarca mein Geschick mit nichts als Worten. Er sagte: ›Ihre Stirn ist rein!‹ Und sie war rein. Er sagte: ›Ihr Haar ist golden‹, und es war golden. ›Vom zähen Band der Ehe‹ hast du geschrieben. Was wußtest du denn von der Ehe? Die reine Liebe hier und dort die Lust an Weibern. Die andere ließ sich dreist vor unserem Hause sehen! Sie ging barfuß in weiten Röcken und mit prallen Brüsten. Sie stillte dein Kind im Torbogen unseres Hauses und lachte, lachte mich aus, wenn ich vorüberging. Ich hielt die Blicke gesenkt und sah alles! Meine Augen schlossen nicht mehr dicht, du hattest sie durchlöchert. Es hieß, du lebtest mit ihr im Vaucluse, nahe einer Quelle, die du ›Die Königin der Bäche‹ nennst. Ich mußte ihren Spott ertragen. Ich mußte mit ihr teilen. Der Teil, den ich von dir besaß, bedeutete ihr nichts. Meine Brüste, die keiner sah, schrumpften, weil niemand sie liebkoste. Milli schob mir seidene Tüchlein in das Mieder. Du hast mich mit Worten abgespeist. Ich trug sie bei mir, wo ich ging und stand. Du pflücktest Blumen und Gräser, wo mein Fuß gegangen war. Du besangst den Ast, an dem ich Halt gesucht hatte, die Blumenwiese, auf der ich ruhte, die Blüten, die mir ins Haar fielen, und du schriebst, sie ›schimmerten wie Perlen und wie Gold‹. Wo war die Blumenwiese? Wo der Baum? Du

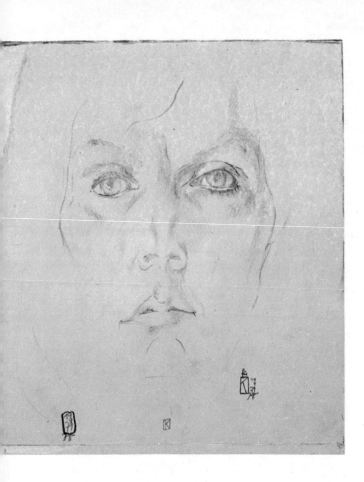

träumtest, Petrarca, und lehrtest mich, gleichfalls zu träumen. Ich bat meinen Monsieur um ein Stück Seide aus Lyon und bat um Garn und Fäden. Ich beschrieb ihm die Farben, die ich brauchte, olivgrün, lavendelblau, orangengelb und auch rosa. Dann fing ich an zu sticken.

Was tut Madonna Laura?

Sie stickt!

Ich stickte den Teppich meines Lebens. Ein Jahr lang stickte ich nichts weiter als Lavendel. Ein anderes Jahr an einer Pinie. Und jener Sommer, als ich den gelben Ginster stickte! Doch der Orangenbaum auf meinem Teppich trägt keine Früchte. Sie liegen unterm Baum im Gras, als hätte sie der Wind geerntet. An dem Olivenbaum, den ich als erstes stickte, hängen keine Früchte, sie liegen allesamt im Gras. Beim Feigenbaum dasselbe, und nichts, was einmal Früchte trug, steht noch in Blüte. Wer kann den Teppich lesen? Mein Monsieur, wenn er von seinen Reisen zurückkam, brachte mir Fäden mit, aus Gold gesponnen, ich dankte ihm. Auch er kennt meinen Teppich nicht, hat nie verlangt, ihn zu betrachten. Er war besorgt, daß mir das Garn nicht ausging, daß ich in meiner Kammer blieb und stickte und von dem lästerlichen Leben in Avignon nichts merkte. Er begleitete mich zur Kirche und wartete, während ich beichtete. Was hätte ich denn beichten sollen? Meine Stirn war rein, später sogar meine Gedanken. Ich war geworden, wie Petrarca es vorausgesehen hatte: rein. Zwei Jahre lang stickte ich an einer Windmühle. Sie hatte weiße Flügel und war fest gemauert. Ein halbes Jahr war nötig, die Flügel zu entfernen, die Fäden auszuziehen. Die weißen Flügel paßten nicht ins Bild. Du fügtest

Worte zu Sätzen, Sätze zu Sonetten. Ich nahm Fäden. Wo du einen Punkt setztest, machte ich einen Knoten. Niemand wird erkennen, daß ich dein Bild in einem Lorbeerbaum verborgen habe. Die steile Stirn, die kühne Nase, das kräftige Kinn.

Nach jenem ersten Blick in Santa Chiara wagten wir nicht mehr, einander anzusehen. Ich wandte den Kopf zur Seite, damit du mich betrachten konntest, und du tatest das gleiche. Ich ordnete die Zweige des Lorbeerbaums so auf meinem Teppich an, daß ein Zweig dir die Stirn krönt. In jenem Jahr warst du nach Rom gereist, dort haben andere dich gekrönt. Der Größte im Land der Dichter! Du schriebst: ›Ach, überall bist du‹, und rittest fort und nahmst mich mit, und ich saß trotzdem hier am Fenster und stickte. Du schriebst Gedichte, als flüstertest du in mein Ohr. Du warst so nah! Ich spürte deinen Atem. Deine Hand lag auf dem Papier, als wäre es meine Wange. Mit einem Federstrich schobst du Berge und Meere beiseite. Wer lesen kann, kann lesen, was du schreibst. Keiner trat je in meine Kammer außer Milli, und sie gab Auskunft: Madonna Laura stickt jetzt einen Lorbeerstrauch! Wenn ich, von dem Monsieur begleitet, am Nachmittag im Schatten der Platanen einen Spaziergang machte, dann flüsterte es: Sie stickt jetzt einen Lorbeerstrauch! Das schmeichelte dem Herrn de Sade. Entschädigt wurde er in einem andern Haus.

Wenn Milli mir von ihrem Koch berichten wollte, verbot ich ihr zu reden. Ich sagte: Schweig! Du verletzt mein Ohr! Dann schob sie meine Haube zur Seite, betrachtete mein Ohr und sagte: Es ist so rosig schön, ganz wie Petrarca sagt. Ich sagte: Rühr nicht an meine Haube! Wenn sie mein Haar waschen wollte, sagte ich: Es ist nicht nötig, ich ging heute nacht im Regen auf und ab. Die Wahrheit ist, ich habe mir die Haare ausgerissen, ein Haar nach dem anderen, ich habe deinen Kopf mit meinen Haaren gestickt. Mein Kopf ist kahl.

Komm näher, Milli! Hör zu! Du sollst mich in meinen Teppich wickeln, bevor man mich in eines dieser Fässer steckt. Hat der Herr de Sade schon ein Faß besorgt? Binde mir mit meinem Schleier das Kinn hoch, damit das Goldstück nicht aus meinem Mund fällt. Warum weinst du, Milli? Ist nicht genug geweint in diesem Haus? Gib mir Wein! Alles verwirrt sich mir.

Als mein Monsieur mir gegenübersaß bei Tisch und seinen Wein trank, und ich trank Wasser, hat er gesagt: ›In Venedig spricht man von Dante und Beatrice, aber in Avignon und bald im ganzen Land wird man von Petrarca und Laura sprechen! Die Liebe hat einen neuen Namen, sie heißt Donna Laura!‹
Er war berauscht, nicht nur vom Wein, er war berauscht von seiner Eitelkeit. Er, der nicht oft mit mir gesprochen hat, sagte, was ich wußte, was jeder weiß. Er sprach vom tätigen Leben, vom genießenden und vom betrachtenden Leben und nahm dafür als Beispiel den berühmten Petrarca. Er betrachtet den Lauf der Welt, er sinnt, er schreibt. Ich lächelte. Als Antwort hat ihm das genügt. Ich habe nicht gefragt, zu welcher Art von Leben er sein eigenes zählt. Wozu das meine.
Du pflückst die Feige nicht, Petrarca, siehst sie nur an,

denkst über sie nach, lobst ihre Süße und ihr Blau. War ich die Feige, die am Baum reifte und nun fault und fällt?

Man sagt, du seist von Weltschmerz befallen, Francesco, von tiefem Unmut. Du leidest an der Welt, ich sterbe an der Pest! Ich wollte noch ein einziges Mal nach Santa Chiara gehen, die wenigen Schritte, ich hätte an den Hauswänden Halt suchen können. Dort wird für die Kranken gebetet. Aber man bewacht meine Tür. Ich war in Ohnmacht gefallen. Mein Leib hat vor der Tür gelegen. Milli hat mich mit ihren Füßen zu meinem Lager geschoben. Dann schlug sie das Kreuz und hob mich auf. Sie leidet mit ihrer Herrin, aber mit ihr sterben will sie nicht. Sie schaudert vor diesem Leib zurück, den sie früher gerühmt hat, weil er weiß war wie Milch. Der schwarze Tod. Ich sinke in Träume, und ich tauche auf. Francesco! Diese Schenkel, die du nicht kennst, sind bedeckt mit Beulen, groß wie Wachteleier. Unter meinen Achseln bricht Eiter hervor. Milli verbrennt die Laken im Hof, der Rauch steigt kerzengerade auf, er ist tiefschwarz. Sie verbrennt Wermutkräuter in meiner Kammer. Als ich jung war, hat sie mir frische Wermutzweige unter meine Kissen gelegt, damit ich die nächtlichen Besuche des Herrn de Sade besser ertrüge. Damit ich Leidenschaft empfände. Und später, als er dann ausblieb, mein Gemahl, da kochte sie mir einen Tee aus Wermutkraut, mit Mohn gemischt. Ich trank den Tee und wurde schläfrig. Wenn die Nächte heiß waren, gab sie mir frische, kühle Laken, und sie schloß die Läden, damit der Mond mich nicht unruhig machte.

Meine Zunge wird schwer, ich lalle. Zünde das Haus an, Milli, damit ich verbrenne!

Deine unsterbliche Geliebte stirbt, Petrarca, deine Heilige! Ach, wärst du sterblich verliebt gewesen! Dein Sinn war auf Unsterbliches gerichtet. Du weintest nicht um mich, du weintest um deinen eigenen Schmerz. Du liebtest nicht mich, du liebtest die Liebe, die du zu mir fühltest. Wenn ich tot bin, wirst du mich weiterhin in jedem Lorbeerbaum, in jeder Wolke erkennen. Der sanfte Wind wird dir mit meiner Stimme zarte Worte vor dein sehnendes Ohr wehen. Ach! Ich habe gelernt, in deiner Art zu sprechen, Seufzer zu seufzen, Leid zu leiden und Liebe lieb zu haben.
Habe ich denn gelebt?
Hast du mich nur erfunden?

Wo hast du deine Sprache verloren, Maria?

Gebet der Maria in der judäischen Wüste

Unser Vater, der Du bist im Himmel! Dein Sohn, der auch mein Sohn war, ist vierzig Tage und Nächte allein in der Wüste geblieben. So lange werde ich nicht bleiben können. Ich bin alt. Ich will mit Dir reden. Vielleicht schickst Du mir noch einmal Deinen Engel, damit ich verstehe, was ich nicht verstehen kann. Ich habe Dein Gebot übertreten. Ich hätte Jerusalem nicht verlassen dürfen. Man soll den Sabbat heiligen. Aber ich muß zu Dir reden, Herr, wo sonst könnte ich das tun? Ich weiß nicht ein und aus. Ich bin unbemerkt durch das Tor gegangen, die Gassen schienen leer, die Männer waren an der Klagemauer und die Frauen in ihren Häusern.

Ich bitte Dich, Herr, höre mich an! Ich spreche heute nicht im Chor der Jünger, ich spreche allein zu Dir, mein Gott. Vergib mir, wenn ich ›mein Gott‹ sage und nicht ›unser Vater‹, wie Dein Sohn es uns gelehrt hat.

Er hat gesagt, daß man Vater und Mutter und Brüder und Schwestern und auch sich selbst hassen müsse, um sein Jünger sein zu dürfen. Warum sollen wir dort hassen, wo uns lieben leichtfällt? Sollen wir unsere Liebe teilen und einteilen, damit sie für jene reicht, die nicht geliebt werden?

Einer sagt es dem anderen: ›Jesus spricht‹, sagen sie, und sie sagen nicht: ›Er hat gesprochen.‹ Weil er uns immer gegenwärtig ist. Von Johannes sagen sie ›der Jünger, den Jesus liebte‹. Auch er hat den einen mehr und den anderen weniger geliebt! Und ich liebe Johannes, wie eine Mutter ihren Sohn liebt, obwohl er nicht von meinem Fleisch ist. Jesus, als er am Kreuz hing, ließ seinen Blick auf mir ruhn, und er erkannte mich. Und er erkannte Johannes und sagte zu ihm: ›Siehe, das ist deine Mutter!‹ Zu mir hat er gesagt: ›Weib, siehe, das ist dein Sohn!‹ Er hat nicht Mutter zu mir gesagt. Damals hatte ich schon aufgehört zu denken: mein Sohn. Ich dachte an ihn als an Deinen Sohn. Schon früher hatte er mich einmal mit Weib angeredet, in Kana, wo die Hochzeit gefeiert werden sollte. Ich sagte zu Jesus, der auch dort war: ›Sie haben nicht Wein für alle!‹ Er wies mich zurück, er sagte: ›Weib, was habe ich mit dir zu schaffen!‹ Und er sagte, seine Stunde sei noch nicht gekommen, und ich wußte nicht, was für eine Stunde er meinte. Aber er tat das erste Wunder in meiner Gegenwart! Durfte ich das denken, Herr, daß es auch meinetwegen geschehen sei? Damit ich erkannte, daß er der ganz andere war, mit dem ich nichts zu schaffen hatte? War es so?

Wo bist Du, Gott? Du sitzt auf einem Thron, heißt es. Bist Du unterwegs, wie alles unterwegs ist, die Sonne, der Mond, die Sterne, der Schatten, der um mich kreist? Oder bist Du der ruhende Pol? Kreist alles um Dich? Sitzt Jesus wirklich zu Deiner Rechten? Wer sitzt zu Deiner Linken? Wirst Du noch einmal einen Sohn schicken, der uns erlösen soll? Wird dieser dann zu Deiner Linken sitzen? Viele lassen sich jetzt im Kidron-Tal begraben. Sie wollen in der Stunde des Gerichts, wenn sich die Gräber auftun werden, nahe bei jener Stelle sein, wo der Engel den Stein vom Grab gewälzt hat. Viele lassen sich kleine Steine vor ihr

Grab legen, als trauten sie der Kraft eines Engels nicht. Er wird über uns richten, sagen sie, und die Furcht kommt über sie. Sie fürchten Dein Gericht! Sie kämpfen mit Beten und Singen gegen die Furcht an. Vater im Himmel! Unser Leben ist nicht leicht. Wir fürchten uns auf der Erde. Müssen wir uns auch vor dem Himmel fürchten?

Die Jünger des Herrn haben mich zu sich genommen nach seinem Tod. Ich habe mein Haus abgeschlossen und den Schlüssel stecken lassen und bin mit ihnen gegangen. War das Dein Wille? ›Unser tägliches Brot‹ beten wir. Ich habe gelernt, ›unser‹ zu sagen, wo ich früher ›mein‹ gesagt hatte. Ich habe die Jünger gebeten, mich wieder Miriam zu nennen, wie ich als Mädchen hieß. Sie haben rasch vergessen, daß ich jene Maria gewesen bin, die den Gottessohn geboren hat. Der Gottessohn, der nun bei Dir ist und zu Deiner Rechten sitzt, woher er gekommen war, wohin er gehörte, woher er wiederkommen wird. Miriam, das heißt: die Widersetzliche. Du weißt es, ich war widersetzlich! Ich wollte sein wie andere Frauen! Niemand hatte mich gefragt, ob ich auserwählt sein wollte. Joseph betrachtete mich mit Scheu und oft mit Furcht. Auch er ist nicht gefragt worden. Mein Engel hat mich ›holdselig‹ genannt und ›gebenedeit‹. Er hat gesagt: ›Fürchte dich nicht.‹ Aber ich habe mich gefürchtet. Ich habe mich nicht nur gewundert, wie man sich über ein Wunder wundert. Ich habe meinen Engel gefragt, und er hat mir geantwortet. Er hat gesagt, daß Elisabeth, meine Freundin, die schon alt war, ebenfalls gebären werde, bei Gott sei kein Ding unmöglich. Zu ihr hatte ich Vertrauen wie zu einer Mutter. Ich bin übers Gebirge zu ihr gegangen, und wir haben uns angesehen und umarmt und einander gesagt, was wir wußten. Wir vertrauten uns unsere Geheimnisse an. Wir blieben viele Wochen beieinander. Wo wir gingen, erblühten die Blumen, Hibiskus, Jasmin, Rosen und Mohn. Wir schritten über Blütenteppiche, und die Früchte reiften uns zu. Wir brauchten nur in die Zweige zu greifen und hielten Granatäpfel in den Händen, blaue Feigen! Unsere Leiber waren gesegnet. Laß mich noch einmal davon sprechen, Herr! Mit wem sollte ich sonst darüber reden? Damals brauchte ich keinen Engel. Aber später, nach der Geburt, war ich eine Hülse, der man die Frucht genommen hat und die austrocknet.

Hätten wir nicht auf ihn achtgeben sollen, als wir ihn zum erstenmal nach Jerusalem in den Tempel mitgenommen hatten? Er war doch erst ein Kind von zwölf Jahren! Zwei Tage lang haben wir nach ihm gesucht! Als wir ihn schließlich fanden, im Tempel, unter den Schriftgelehrten, habe ich ihn gescholten, wie man einen ungehorsamen Knaben schilt, und er hat mich abgefertigt mit einem einzigen Satz, als stünde es mir nicht zu, im Tempel mit ihm zu reden, mit ihm, dem Sohn Gottes. Und er sprach nicht, wie ein Sohn mit seiner Mutter sprechen soll. Von jener Stunde an habe ich geschwiegen, aber ich bewahrte seine Worte in meinem Herzen und dachte nach und tat meine Arbeit und war eine Frau unter anderen Frauen in Nazareth, die ihr Haus führt, die Wäsche wäscht, das Essen kocht. Am Brunnen erzählten sie mir, was dieser Jesus an Wundern vollbracht hatte, sie wunderten sich und glaubten es nicht. Ich schwieg und wunderte mich nicht, denn ich glaubte. Aber es ist schwer, Herr, zu glauben, daß ein Kind, das man selbst zur

Welt gebracht, das man gestillt und gewiegt hat, daß es ein Menschenkind und ein Gottessohn zugleich sein soll. Wen hätte ich fragen sollen? Wer wußte mehr als ich? Die Priester und die Schriftgelehrten? Oder Joseph? Auch ihm ist der Engel nie wieder erschienen. Wenn ich nachts aufstand und in unserem kleinen Hof unter dem Feigenbaum kniete und nach meinem Engel rief, kam Joseph und sagte: ›Mit wem sprichst du?‹ Aber ich habe ihm nicht geantwortet, sondern bin ihm ins Haus gefolgt. Mein Engel ist mir nur erschienen, solange ich Deinen Sohn trug. Aber meine Augen haben ihn gesehen, meine Ohren haben ihn gehört. Joseph ist der Engel nur im Traum erschienen. Joseph! Er las oft in den Heiligen Schriften. Er bewegte dabei die Lippen, und ich las von seinen Lippen ab, was Du uns durch die Propheten geweissagt hast. Frauen hören zu und lesen nicht. Sie reden auch nicht so viel wie die Männer, sie haben immer zu tun. Aber Du hast auch uns eine Zunge gegeben und Lippen, um Worte zu formen, und in unseren Köpfen sind Gedanken, die hinausdrängen. Ich bin fast erstickt an dem Schweigen, das Du mir auferlegt hast!

Unser Vater, der Du im Himmel bist! Die Jünger des Herrn beten mich an! Sie sagen plötzlich ›Mutter Gottes‹ zu mir. Aber zu wem betet Maria? Muß ich nun wieder Maria sein, die Gebenedeite unter den Weibern? Ich fürchte mich, Herr! Warum schickst Du mir meinen Engel nicht? Laß mich nicht allein!

Du weißt, daß ich mich fürchtete, als wir mit dem Kind aus Ägypten zurückkehrten! Herodes war tot, alle, die dem Kind nach dem Leben getrachtet hatten, waren tot, trotzdem fürchtete ich mich. Man würde uns erkennen! Die Frauen aus Bethlehem, würden sie sich nicht rächen? Aber sie haben mein Kind nicht angerührt, das am Tod ihrer Kinder Schuld trug. Als wüßten sie nichts von Rache. Und als Dein Sohn den Kreuzweg ging und ich in der Menschenmenge stand und schwankte, da stützte mich eine Frau. Sie tröstete mich und sagte: Dieser hier hat dreißig Jahre leben dürfen. Mein Sohn ist nur zwei Jahre alt geworden, der König Herodes hat ihn morden lassen. Sie wußte nicht, wer dieser Jesus war, aber sie wußte, daß ich seine Mutter war, und sie sah, daß er kein Verbrecher sein konnte wie jene, die mit ihm gekreuzigt werden sollten. Sie weinte noch einmal um ihr Kind, und ihre Tränen trösteten mich.

Die Schatten werden länger. Der Tag neigt sich. Man wird mich vermissen, man wird nach mir rufen. Miriam! Wo ist Maria? Was wird sie essen? Was wird sie trinken? Ist sie von Sinnen? Es tut wohl, wenn man weiß, daß man vermißt wird. Der Wind streicht über die Wüste! Der Bulbul schreit nicht mehr. In der Ferne höre ich die Rufe der Hirten. Bald werden sie ihr Feuer anzünden. Es ist dieselbe Gegend, aber es sind andere Hirten, die von nichts wissen, denen niemals ein Engel erschienen ist. Herr! Meine Füße sind wund. Nirgendwo ist Wasser, daß ich sie mir kühlen könnte. Niemand ist da, der sie mir salbt. Mich dürstet! Der Tag war lang und heiß. Mein Haar ist voll Sand, und meine Augen brennen. Auf dem Weg nach Ägypten haben wir eine Blume gefunden, die man die Rose von Jericho nennt. Wo sie wächst, ist Wasser. Wenn das Wasser versiegt ist, zieht sie ihre Wurzeln ein, dann fegt der Wüstenwind sie fort. Sie ballt sich wie eine Faust und löst sich wie eine Hand, wenn sie aufs neue Wasser findet und die Wurzeln wieder ausstreckt. Herr, verwandle mich! Laß mich zu einer Pflanze werden!

Die Sonne ist untergegangen. Bist Du die Sonne, Herr? Verläßt mich Deine Helligkeit? Jesus ist vierzig Tage und Nächte allein in der Wüste gewesen, und ich verzage am Ende des ersten Tages. Der Sabbat ist vorüber. In Jerusalem füllen sich jetzt die Gassen mit Menschen. Ich sehne mich nach meinen Schwestern und Brüdern. Einen Tag lang bin ich schon von ihnen getrennt, eine Ewigkeit. Ich denke an sie wie an etwas lange Vergangenes. Jahrzehnte lebten wir miteinander. Wir waren frohen Herzens! Jedes Mahl wurde uns zum Liebesmahl. Wir sangen bei unseren kleinen Verrichtungen. Alle liebten einander. Keiner wollte etwas für sich behalten. Nimm! sagten wir. Und keiner sagte: Das gehört mir! Meine eigenen Kinder sagten nicht mehr Mutter zu mir, sie sagten Miriam oder sogar Schwester. Wenn wir von Jesus sprachen, was wir ständig taten, nannten wir ihn ›den Auferstandenen‹, wir blickten nach oben, ihm nach, unsere Blicke schoben bei Tage die Wolken und bei Nacht die Sternbilder auseinander. Wer krank war, wurde gepflegt. Die Alten wurden von uns versorgt, wir stützten sie, keiner wurde uns zur Last, niemand fragte: Wer ist zuständig? Wer muß für ihn sorgen? Zu wem gehört er? Wer zwei Tücher besaß, gab eines dem, der keines besaß. Die Männer haben das Lob unseres Herrn mit Worten verkündigt, wir Frauen haben sein Lob gesungen. Wir haben keine Wunder vollbracht, wie die Jünger es taten, damit man ihnen glauben sollte. Frauen benötigen keine Wunder. Es ist uns wunderbar, daß die Sonne aufgeht, daß aus

Blüten Früchte werden. Aus einem Samenkorn wächst ein Baum, und aus dem Samen eines Mannes wächst in uns ein Mensch heran. Früher hatten wir uns im Haus gehalten, aber nun waren wir frei, wie es die Männer waren. Wir zogen von Ort zu Ort, man nahm uns auf, nur wenige verschlossen vor uns ihre Türen.

›Selig sind die Friedfertigen!‹, sagten wir und ›Selig sind, die reinen Herzens sind!‹ Selig — Gottvater, es waren selige Zeiten! Wir mußten nur den Namen Jesus aussprechen, und er war mitten unter uns. ›Erinnert ihr euch?‹ sagte Jakobus und berichtete von dem, was in Kapernaum geschehen war. Wir sprachen von Emmaus, als sei es gestern gewesen, daß Jesus uns dort erschien. Und Andreas berichtete von dem wunderbaren Fischzug am See Genezareth. An seinen Ufern weilen wir oft. Manchmal springt einer auf und ruft: Ich werde über den See gehen, wie unser Herr es getan hat! Wir halten ihn zurück, versichern ihm, daß wir ihm glauben, dann läßt er sich erschöpft ins Gras fallen, als sei er stundenlang übers Wasser gegangen. Manchmal fassen wir uns bei den Händen und tanzen. Man hält uns für betrunken, meint, wir wären nicht bei Sinnen, wir sind auch nicht bei Sinnen, so wie es die anderen Leute verstehen. Wir wissen oft nicht, was wir tun und reden. Wenn wir in Jerusalem sind, gehen wir abends in den Garten Gethsemane und setzen uns unter einen der Ölbäume und warten, daß die Nacht kommt. Jerusalem liegt im Dunkel, aber wir wachen. Einer wacht über den anderen, daß er nicht einschläft. Wir fassen uns bei den Schultern. Wach auf! rufen wir, bald wird der Hahn krähen! Wir hören die Nachtvögel und die Vögel, die den Morgen

146

andere reisen

ankündigen. Im ersten Sonnenlicht gehen wir zur Quelle und füllen unsere Krüge. Wir schenken Wasser aus, und jeder gibt seinen Becher dem, der neben ihm steht, und den Rest des Wassers lassen wir uns über das Gesicht rinnen, gießen es uns über die Hände. Wir fühlen uns frisch für den neuen Tag, als hätten wir lange geschlafen. Einer wäscht dem anderen die Füße und salbt sie. Es ist leichter, die Füße des anderen zu waschen als die eigenen. So wie es leichter ist, einen Dorn aus der Fußsohle des anderen zu ziehen als aus der eigenen. Einer bricht das Brot für den anderen. Dem anderen bricht man ein größeres Stück ab als sich selbst.

Mein Vater, der Du bist im Himmel! Die Nacht ist über mir hereingebrochen. Aber jetzt fürchte ich mich nicht mehr. Ich fürchte auch den Biß der Schlangen nicht mehr. Joseph mußte früher mit seinem Stock im dürren Gras stochern, um die Vipern zu vertreiben. Die Sternbilder ziehen über mich hinweg. Wohin? Woher? Die Weisen, die aus dem Osten kamen, um das Kind anzubeten, haben berichtet, daß sie Deinen Stern gesehen hätten. Welches ist Dein Stern? Sind nicht alle Sterne Deine Sterne? Ist denn nicht überall Himmel? Überall, wo nicht Erde ist? ›Jünger des Herrn‹ nennen sie uns. Und so verspottet man uns auch. Ja, Herr, sie verspotten uns in Deinem Namen, weil wir uns Christen nennen nach Deinem Sohn Jesus Christus.

Was sollen wir tun? Sie schimpfen hinter uns her. Manchmal werfen sie auch mit Steinen nach uns. Weil wir ein Ärgernis sind, weil wir nur das Nötigste tun und keiner geregelten Arbeit nachgehen. Andreas, der uns die Sandalen flickt, macht keine

Schuhe, um sie für Geld zu verkaufen. Hannah stopft unsere Gewänder, aber sie näht keine neuen. Unsere Kleider tragen Flicken, wir sehen zerlumpt aus. Es ist uns nicht wichtig. Wichtig ist, daß wir beten und lobpreisen. Die Leute wissen nicht, daß Wachen und Beten sehr anstrengend ist. Wir sind oft übermüdet. Wir haben zum Ausruhen nur die Erde, oder wir liegen auf Streu. Die Männer lassen ihr Haar und ihre Bärte wachsen, die Frauen stecken sich die Blüten der blauen Winde ins Haar, um dem Herrn zu gefallen. Wir besitzen keine Äcker und keine Gärten, die wir bestellen und abernten müßten. Wir haben keine Tiere, die wir füttern, melken und schlachten müssen. Darum ziehen wir von Ort zu Ort. Wir müssen oft um unser tägliches Brot betteln. Wir bitten um Gaben und danken für die Gaben, die man uns in Deinem Namen gibt. Wir leben von den Fischen aus dem Jordan und dem See Genezareth. Wir nehmen uns von den Früchten auf den Feldern, wir pflücken uns Trauben in den Weingärten, so viel, wie wir gegen unseren Hunger brauchen. Wir fangen uns manchmal ein Huhn und halten ein Festessen. Auch dann danken wir Dir für Deine Gabe, die wir uns unrechtmäßig genommen haben. Es ist nicht leicht zu stehlen. Wir sind keine Diebe, wir haben das Handwerk der Diebe nicht gelernt. Es wäre leichter, eine Ziege zu melken und einen Teppich zu weben. Wenn meine Hände, die gewohnt waren, die Spindel zu halten und zu spinnen, unruhig werden, spiele ich mit Olivenkernen, die ich auf einen Faden geschnürt habe. Viele halten uns für Tagediebe und Landstreicher. Aber andere hören uns an und horchen auf das, was wir sagen, und manche schließen sich uns an. Meist sind es

Kinder, die sich um uns scharen und unsere Geschichten hören wollen. Wenn sie uns sehen, rufen sie: Erzählt von dem Töchterlein des Jairus! Auch die Alten kommen zu uns. Die, die noch nicht lange auf der Erde sind, und die, die nicht mehr lange darauf bleiben werden. Sie sind näher an Dir. Ist das so? Vater im Himmel! Ich spreche laut, meine Fragen kommen als Echo zu mir zurück, als hörtest Du mich nicht. Woher kommen wir? Wohin gehen wir? Von Dir und zu Dir? Es ist gut, ein Kind zu sein, und es ist gut, alt zu sein.

Die ersten Jahre, als wir noch erfüllt waren von seiner Nähe und seinem Geist, als wir nur seinen Namen aussprechen mußten und er mitten unter uns war, Gottvater, diese Jahre waren wie ein langer, glücklicher Tag. Bis dann einer der Jünger anfing und dann ein anderer, und sie sagten: Wir müssen überliefern, was geschehen ist! Wir müssen die Geschichte vom Leben und Leiden unseres Herrn Jesus Christus aufschreiben für die, die nach uns kommen! Sie sagten: Wir müssen nach Nazareth gehen und nach Kana und nach Bethanien, und wir müssen die Nachbarn fragen und auch die Tempelherrn in Jerusalem. Und plötzlich, plötzlich hat einer gesagt: Fragt doch Maria! Er sagte Maria und nicht Miriam, und alle blickten mich an und riefen: Maria! Maria! Und sie fragten und wollten wissen, was damals geschehen sei. Sie fragten nach Joseph, meinem Mann. Warum fragten sie nach ihm? Ich erzählte, was ich wußte, daß er aus der Stadt Nazareth in Galiläa stammte, aus dem Haus und dem Geschlecht Davids. Und als der römische Kaiser Augustus — und jemand rief dazwischen: Damals war Cyrenius Landpfleger in Syrien! Ich berichtete weiter, daß alle Männer sich schätzen lassen mußten, ein jeder in seiner Stadt, und darum mußte Joseph nach Bethlehem ziehen, und weil ich schwanger war, wollte er mich nicht allein zurücklassen. Sie haben gefragt, aus welchem Geschlecht ich stamme. Ich wurde ja nicht gezählt, ich zählte nicht, aber nun sollte ich erzählen, und war nicht gewohnt zu erzählen. Sie drangen in mich. Sie fragten: Hast du den Gottessohn in einen Schweinetrog gelegt? Ein anderer fragte: Oder ins Heu, in eine Krippe, aus der die Ziegen fressen? Stand wirklich ein Ochse im Stall? War er angebunden mit einem Strick? Sie wollten wissen, wie viele Hirten gekommen seien, um das Kind anzubeten, drei oder vier, oder waren es mehr, du mußt es doch wissen! Ich sagte, und ich weinte dabei, ich hätte ein Kind zur Welt gebracht, mein erstes, ich hätte nur Augen für das Kind gehabt, aber dann — und jetzt weinte ich nicht mehr — sagte ich: Ich habe die Worte des Engels, die die Hirten mir überbracht haben, in meinem Herzen bewahrt. Und ich sagte die Worte auf: ›Fürchtet euch nicht, siehe ich verkündige euch große Freude!‹ Aber Du weißt ja, mein Gott, was der Engel gesagt hat. Und wieder fielen meine Schwestern und Brüder, einer nach dem anderen, nieder, vor mir, fielen in den Sand und lagen auf den Knien, und es war, als wollten sie mich anbeten und nicht Dich! Da bin ich beiseite gegangen. Aber am nächsten Tag, da kam wieder einer mit seiner Tafel, und die anderen setzten sich im Kreis um ihn, und sie nahmen mich ins Verhör. Sie haben mich gefragt: Warst du unschuldig, Maria? Hatte dein Mann dir noch nicht beigewohnt, bevor der Heilige Geist über dich gekommen ist? Du weißt, Gott, wie es gewesen ist, und ich sagte: Meine Schwestern und Brüder, ich war reinen Herzens! Der Engel war mir erschienen. Ist denn nicht alles, was wir in seinem Namen tun, ohne Schuld? Ist denn nicht jedes Kind, das zur Welt kommt, ein Gotteskind? Das haben wir doch im ganzen Land gepredigt! Jesus hat es uns verheißen!

Was für ein Hin und Her! Sie schrien sich an und stritten miteinander. Sie sprachen von Sünde und wiesen auf uns, auf die Frauen, die doch ihre Schwestern waren. Jahrelang hatten wir in Liebe miteinander gelebt. Wir Frauen sonderten uns ab. Wir schämten uns, Vater im Himmel, als hätte man uns ein zweites Mal aus dem Paradies vertrieben. Wir blieben an diesem Abend für uns. Wir waren wieder getrennt, Männer und Frauen. Wir hatten Unterkunft in einem Schafstall gefunden. Nachts haben die Männer an die Stalltür gepocht und unsere Namen gerufen: Hannah! Rebekka! Miriam! Wir wurden unruhig wie die Tiere, die brünstig sind und schrein.

Und am anderen Morgen blickten die Männer mich an und betrachteten mich und sahen in mir eine Frau, die Kinder zur Welt gebracht hat, die alt geworden ist, die hungrig wird und durstig. Und ich spürte, daß sie aufhörten zu glauben. Ich, Maria, hinderte sie daran, zu glauben! Du hast mich nicht gelehrt, zu reden. Ich bin gewohnt, zu horchen und zu gehorchen. Was hätte ich ihnen noch sagen können? Was soll ich tun? Soll ich zu ihnen zurückkehren? Wir haben viele Male am Tag gemeinsam gebetet: Herr, Dein Wille geschehe! Aber jetzt genügt ihnen das nicht mehr, sie wollen alles erklärt haben, Du sollst ihnen erklären, warum es so geschehen ist und nicht anders. Sie wollen wissen! Dabei ist es so leicht, zu glauben.

Der Horizont wird hell. Sobald die Strahlen der Sonne über das Gebirge steigen und ich den Pfad erkennen kann, auf dem ich gekommen bin, werde ich zurückkehren. Eine andere Antwort hast Du mir nicht gegeben. Der Wind streift über mein Gesicht, als sei es Deine Hand, und nimmt den Schleier weg, der über meinen Augen gelegen hat. Ich sehe Deine Herrlichkeit im Angesicht der Sonne. Ich werde als eine Stumme zurückkehren. Sie werden fragen: Wo hast du deine Sprache verloren? Du mußt als Zeugin aussagen! Aber ich werde nicht antworten. Ich habe alles gesagt, und Du hast mich angehört.

Wir haben oft von der Wiederkehr unseres Herrn gesprochen. Du wirst Deinen Sohn immer aufs neue auf die Erde schicken müssen, damit wir mit eigenen Augen sehen, was wir glauben sollen. Eine andere Frau wird ihn zur Welt bringen, er wird an einem anderen Ort andere Wunder tun, damit wir erkennen, wie mächtig Du bist. Nicht die Juden werden ihn dann verfolgen und kreuzigen, andere werden es tun. Deine Magd ist müde, zum Sterben müde. Du bist allwissend, zu Dir habe ich von dem geredet, was Du weißt, und zu den Menschen rede ich nicht von dem, was sie wissen wollen und was ich glaube. Ich rede wie ein Bach, der lange angestaut war. Die Worte sprudeln wie aus einer Quelle. Laß mich eine Rose von Jericho sein, die in der Wüste verdorrt, die der Wind über den Sand treibt und die wurzelt, wo Wasser ist.

Bist du nun glücklich, toter Agamemnon?

Die nicht überlieferte Rede der Klytämnestra an der Bahre des Königs von Mykene

Laßt mich mit ihm allein! Er war mein Mann, was fürchtet ihr für einen Toten? Daß ich ihn zweimal töte? Er hätte es verdient.

Du hast gesagt, Agamemnon, bei den Atriden gibt es nur eines, zu morden oder gemordet zu werden. Ich sagte: Gut, dann morde mich! Aber ich mache dich zum Mörder! Jetzt ist es umgekehrt gekommen.

Du hast auch gesagt: Nenne niemanden glücklich, bis er nicht gestorben ist. Bist du nun glücklich? Dieser Morgen ist schön, Agamemnon, hast du je gesehen, daß ein Morgen schön sein kann? Kennst du den Schatten des Ölbaums am Mittag? Deine Herolde heben den Arm zum Gruß, du läßt sie immer neue Worte rufen: Heil! Sieg! Und: Zeus Agamemnon! Warum grüßen sie dich nicht mit: Guten Morgen? Es ist schon viel, wenn dieser Morgen gut wird. Ich habe nicht viele gute Tage erlebt, Agamemnon. Ich habe mir das Glück jenseits der Mauern von Mykene suchen müssen.

Ich spüre kein Mitleid mit dir, Agamemnon. Dein Hund ist tot, so lange lebt kein Hund. Ich bin nicht mehr die Frau, die damals auf dem Felsen stand und wartete. Ich hasse das Meer! Ich hasse es, am Ufer zu stehen und den Schiffen nachzublicken, die ausfahren und nicht wiederkehren. Und wenn sie kommen — zehn Jahre später sind zehn Jahre zu spät. Ich stand mit dem Rücken zum Meer, als man die Rückkehr deiner Schiffe meldete, und sah: Mykene in Trümmern, dein Löwentor zerborsten, und über deinem Grab wuchsen Disteln. Ich habe das Meer gehaßt, darum habe ich dich im Bad ertränkt. Dein Element ist das Feuer, meines das Wasser, du setzt in Brand, und ich ertränke. Ich sah den Fackelschein. Die Heide brannte auf dem Arachnaion, den man den Spinnenberg nennt, weißt du das? Was weißt du denn von deiner Argolis? Vom Berg Ida auf Kreta zum Hermesfelsen auf Lemnos, zum Berge Athos — der Wechselgruß der Brände, eine Feuerstaffette von Berg zu Berg. Feuer lief vor dir her. Mit Feuer kündet man keine frohe Botschaft.

Da liegst du, aufgebahrt in der großen Halle des Palastes. Du hast mir nie zugehört, nun hör mir zu, hör mir gut zu, toter Agamemnon! Man wird sich streiten, ob es Ägisth getan hat oder ich. In meinem Herzen gab ich dir hundertmal den Tod. Die Absicht zählt, die Tat zählt nichts. Ich bin ein Schwamm aus Haß, weh dem, der diesen Schwamm zusammenpreßt!

Als ich das Löwentor durchschritt, grinste der linke deiner beiden Löwen. Der Stein zersprang, mit dem ich dich, dein Löwenhaupt, zersprengen wollte, das Bild blieb heil. Mich schaudert, Agamemnon! Ich zähle nicht zu jenen Frauen, die zu ihren Männern sagen: ›Kehr mit dem Schild zurück oder tot auf dem Schilde liegend.‹ Ich habe zu meinem Sohn Orest gesagt: ›Wirf deinen Schild ins Heidekraut, wenn er dich am Laufen hindert.‹ Orest, von dem es heißt, er tue keiner Fliege was zuleide. Warum sollte er einer Fliege was zuleide tun? Die Fliegen werden später Klytämnestra rächen.

Ich hatte dich gebeten, mir Blumensamen aus Troja

mitzubringen als Beute, etwas, das wächst. Für meine Gärten, die Gärten der Klytämnestra, die nun verwildert sind. Unsere Kinder und unsere Enkel sollten darin spielen. Ich habe diese Kinder nur empfangen und geboren, genährt und aufgezogen hat sie ihre Amme. Sie liebten ihre Amme, nicht ihre Mutter, so wie ich Myrrha liebte und nicht meine Mutter Leda. Feindschaft herrscht zwischen Vater und Sohn, Feindschaft zwischen Mutter und Tochter, wie bei den Göttern. Wir haben Feinde aufgezogen, die nach unserem Leben trachten. Die Armen sorgen für ihre Kinder, weil Kinder die Ernährer ihres Alters sind. Ich habe viel gesehen, Agamemnon, in den Gassen und auf den Hügeln. Wie kannst du den regieren, den du nicht kennst? In einem Staat muß jeder jeden kennen. Der, der gehorcht, und der, der regiert. Und jede Stimme muß man hören. Dann wird noch immer der eine laut, der andere leise reden und mancher schweigen. Die Männer treffen sich auf der Agora zu keinem anderen Zwecke, als zu reden. Reden ist wie Atmen für die Griechen, wer atmet, redet. Willst du wissen, wer das gesagt hat? Du kennst den Mann nicht, du kennst sie alle nicht! Du kennst auch ihre Frauen nicht. Sie gehen zum Brunnen oder an den Fluß. Sie reden, aber sie waschen derweil auch ihre Wäsche und holen Wasser. Tun und Reden sind eins. Sie zwitschern wie Vögel. Aber sie verstummen, wenn der König kommt.

Meine Ehe mit dir war in jenem Augenblick beendet, als du Iphigenie opfertest, für nichts als guten Wind. Warum habt ihr meine Schwester Helena nicht in Troja gelassen? Macht Schönheit schuldlos? Du hast den Krieg übers Meer in ein fernes Land getragen, damit deine Felder nicht verwüstet wurden; deine Argolis blieb unzerstört.

Erdbeben und Kriege. Genügen Erdbeben nicht? Nicht genug Trümmer? Nicht genug Tote? Die Gewalt der Götter, die Gewalt der Männer! Ihr wollt es den Göttern gleichtun. Die männerehrende Schlacht! Erkläre es mir, Agamemnon: Was ist denn ehrend daran, wenn ein Mann den anderen tötet? Er schmäht die Mutter, die ihn geboren, den Vater, der ihn gezeugt hat, die Frau, die ihn liebt. Geliebt hat, Agamemnon! Ich habe dich geliebt, obwohl du meinen ersten Mann, mein erstes Kind erschlagen hast. Schuld wird durch Schuld vergolten. Hört auf! Hört endlich damit auf!

Ich, Klytämnestra, Schwester der schönen Helena aus Sparta!

Ich, Klytämnestra, Mutter von drei Töchtern und einem Sohn.

Ich, Klytämnestra, Geliebte des Ägisth.

Ich war nicht nur die Frau des Agamemnon! Ich habe viel versucht, um meinen Namen an etwas Schönes zu heften. Ein Sternbild. Meine Gärten. Eine Schale. Aber die Schale ist zersprungen, die Scherben liegen im Schutt. Die Regengüsse werden die Reste meiner Gärten zerstören, und am Himmel wird man den Gürtel der Klytämnestra nicht vermissen.

Ob es sinnlos war, auch Kassandra zu töten? Laß sie leben, habe ich zu Ägisth gesagt. Vielleicht verliebt Orest sich in Kassandra, sie sind im selben Alter. Er hat gesagt: Du wirst alt, du stiftest Ehen. Vielleicht gefiel sie ihm, er liebte immer, was du liebtest. Seine Liebe heißt Rache. Niemand wird Glaukos töten, niemand Georgios, niemand Pavlos — ein Fischer, ein

Susette Gontard

„... Ich glaube nicht, dass sie es ganz bemerkte, wie sie überhaupt bei all
ihrer himmlischen Güte nicht sehr genau darauf zu achten schien," was
um sie vorging."

Hirte, ein Töpfer, den Tod nicht wert, verschont von der Rache der Götter. Das Glück der Armen heißt Ruhmlosigkeit.

Man muß nicht Kassandra heißen, um den Atriden Unheil prophezeien zu können. Sie wird als Kind unter einem Haselnußstrauch geschlafen haben, das macht weissagende Träume; ich weiß das von Georgios, Myrrha hat es bestätigt. Kassandra ist selbst das Unheil, das sie weissagt. Wenn du ein einziges Mal zurückgekehrt wärest, ohne dir eine Sklavin mitzubringen! Warum baut ihr euch Burgen, wenn ihr lieber im dunklen Bauch der Schiffe haust, wenn ihr lieber in Zelten lebt? Dir genügt ein Schatzhaus für deine Beute. Warum bewahrst du nicht deine Sklavinnen in deinem Schatzhaus auf? Meinst du, ich hätte nichts von Chryseïs, der Tochter des trojanischen Priesters, erfahren? Nichts von der Lieblingssklavin des Achill? Kassandra war die letzte Geliebte, und darum mußten wir sie töten.

Wer will denn im voraus wissen, was geschehen wird? Keiner! Hörst du? Ich sage: Keiner! Diese Wegelagerin! Sie murmelte ihre Flüche in den Gassen von Mykene, sie hätte so lange ihre Flüche ausgestoßen, bis eintritt, was sie weissagt: Orest wird seinen Vater rächen, seine Mutter töten! Verflucht sei, verflucht sei . . . ! Wir haben sie zum Schweigen gebracht.

Die Stunde vor Sonnenaufgang. Die Stunde des Mordens. Die Stunde, in der du frierst, ich weiß. Willst du eine Decke? Die Stunde des Abschieds. Glaukos, mein Fischer, brachte mich um diese Stunde zurück ans Land.

Du konntest deinen Krieg nur führen, weil andere deine Äcker bestellten, dein Korn einfuhren, deinen

Wein kelterten und Fische fingen, um Frauen und Kinder zu ernähren. Wundert es euch, wenn andere eure Kinder zeugten? Was zählt denn, Agamemnon, sag, was zählt? Die Zahl der Toten, die du hinterlassen, die Söhne, die du gezeugt hast? Wer einen Speer besitzt, kann töten. Jeder Mann kann zeugen.

Myrrha sagt, wer tot ist, hört noch eine Stunde lang, was die Lebenden sagen. Dann hör gut zu! Ägisth wird unsere Tochter Elektra mit einem braven Bauern vermählen, er ist schon alt, er wird keine Nachkommen mehr zeugen, sie wird keinen Anspruch auf Mykene erheben. Aber sie hat Anspruch auf Rache. Iphigenie, die du geopfert hast und die von Artemis gerettet wurde, dient nun der Göttin. Sie war ein geduldiges Lamm. Aber du hast ein Opfertier aus ihr gemacht. Die sanfte Chrysosthemis. Von ihr ist nichts zu fürchten, ein stilles, heiteres Kind, du kennst sie kaum. Es bleibt Orest, er ist nervös. Die Nervösen sind gefährlich. Du hast gesagt, bei den Atriden gibt es nur eins: zu morden oder gemordet zu werden; erst das eine, dann das andere. Berufst du dich noch immer auf den Willen der Götter? Wo bleibt dein Stolz, stolzer König von Argos? Warum sagst du nicht: Es war mein Wille. Ich wollte rächen. Ich wollte erobern. Ich habe Lust am Kampf. Ich wollte die Tochter des Königs von Troja zu meinen Füßen sehen! — Du brauchst Sklavinnen an deiner Seite, keine Königin. Das alles wäre der Wille der Götter? Götter heißt die Ausrede der Könige! Es sind die Mutigen und die Starken, die im Kriege fallen, das sagt ihr doch. Wo warst du, als die Troer ihre Speere warfen? Wer ist an deiner Statt gefallen? Wieso bist du zurückgekehrt? Was wird nun von dir bleiben? Zwei Handvoll

Asche. Scherben. Dein Löwentor. Das Grab des Aga-memnon. Du willst Unsterblichkeit. Aber ich will sterben. Ich will vergessen werden. Niemand soll den Namen Klytämnestra nennen.

In Argos umkränzt man den Frevlern die Stirn mit Lorbeer, wenn ihnen verziehen wurde. Ich legte dir einen Lorbeerzweig aufs Lager; du solltest wissen, ich war eingeweiht und hatte dir verziehen. Ich habe einen Lorbeerhain für dich verbraucht!

Erinnere dich! Ich hatte deinen Speer mit den Blüten des Jasmin geschmückt, damit er nicht im ersten Son-nenlicht funkelte und dich weckte. Du brachst spät auf; man hat gelacht, als du mit deinem Blütenstab aus meiner Kammer kamst. Man hat nicht oft gelacht in Argos.

Was soll ich tun? Was verlangen deine Götter? Selbst-mord? Reue? Warum denn Reue? Weil du meinen ersten Mann erschlugst, als ich noch jung war? Mein erstes Kind? Dafür, daß du mir Iphigenie nahmst? Daß du zehn Jahre fortgingst? Was hätte dir die Treue einer Frau genützt, die dich nicht liebt? Wir werden nicht in einem Grabe beieinander liegen. Man soll Kassandra dir zu Füßen legen, die schöne Beute aus Troja.

Das hast du gern gehabt: die Brüste klein und fest, die Füße zart, die Arme wohlgeformt. Bist du denn schön, alter Agamemnon? Dein Bauch hängt schwer, dein Nacken ist speckig, du ziehst die Beine nach, die Arme fallen kraftlos. Du trugst die Beine geschient, weil sie krumm waren. Meinst du, daß ich das nicht wußte? Ich habe es nicht gleich gesehen, aber als ich es gesehen hatte, habe ich nicht aufgehört, meinen Mann zu lieben, noch nicht. Ich frage, welche Frau kann von sich sagen, sie habe nie an Mord gedacht, sie habe nie von Mord geträumt? Sie lügt! sage ich. Ich habe hundertmal an Mord gedacht, bevor du mich zur Mörderin machtest. Du trägst die Schuld.

Als ich die Ehe mit dir einging, habe ich die Galle eines Opfertiers verbrannt, damit wir ohne Zorn zusammen leben könnten. Ich habe die Spindel verbrannt, mit der ich in Kreta spielte, ich habe meine Locken verbrannt. Aber meine Galle hat sich wieder mit Zorn gefüllt. Meine Locken sind wieder gewachsen! Mein Spiegel — das bin ich! Mein Ich, das mir gehört. Du hast mir meinen Spiegel weggenommen, als du nach Troja zogst. Kein Spiegel — keine Liebe? Ein anderer schenkte mir einen anderen Spiegel. Mein Gesicht ist nackt, so hast du mich nie gesehen. Man verlangt von einer Königin, daß sie sich schminkt, daß sie ihr wahres Gesicht nicht zeigt. Es sei denn, ihre Familie habe Trauer. Die Atriden haben immer Trauer. Jetzt werde ich mich schminken, Agamemnon! Zum Zeichen, daß ich nicht um dich traure. Ich werde das Busenband anlegen, das die Brüste hebt, und werde das Gewand wählen, das ich als Mädchen trug, hochgeschlitzt, die Beine sichtbar bis zum Knie. Ich bin fett geworden.

Du hast mich niemals weinen sehen, alter Atride? Jetzt siehst du meine Tränen. Ich weine über mich. Du kannst die Augen nicht mehr selber schließen. Sieh zu! Eine Zeit wird kommen, da werden die Frauen sich empören, dann wird man nicht mehr von ihnen verlangen, schön und jung zu bleiben. Es ist keine Tugend. Es ist auch kein Verdienst.

Ägisth hätte mich entführen sollen, wie Paris meine Schwester Helena entführte. War ich nicht schön

genug? War ich keinen Krieg wert? ›So schön wie
Helena‹, hieß es im Land. Menelaos nimmt sie nun
zurück; sie ist nicht unbeschadet. Ohne sie wäre ich
die Schönste in Sparta gewesen. Ägisth meint dein
Land, er meint nicht mich. Er meint Mykene, Tiryns,
Argos, deine Städte; er meint deine Fichtenwälder, er
braucht das Holz für neue Schiffe, neue Kriege. Was
soll ich tun? Die Götter fragen? Sie reden nicht mit
Frauen, das glaubt ihr doch! Ich habe gebetet, daß
sich die Winde legen, daß eure Schiffe Troja nicht
erreichen. Myrrha sagt, daß ich mit halbem Herzen
gebetet habe. Soll ich zu Georgios gehen, der mein
Geliebter war? Soll ich mit ihm die Ziegen hüten?
Man würde mich bald finden. Sie brauchen mich als
Zeugen.

Der rühmliche Held Agamemnon mit seinen feuer-
flammenden Augen! Wer soll dir die Augenlider
schließen? Kassandra ist tot. Deine Tochter Elektra?
Oder ich? Wenn ich von dir träumte, doch, du hörst
recht, ich habe von dir geträumt, Agamemnon, dann
trugst du deinen Speer. Deine beiden Speere, erinnerst du dich? Den einen hast du weggelegt, wenn du
den anderen benutzen wolltest. Am Abend den einen,
am nächsten Morgen den anderen — doch Agamemnon, doch! Jetzt liegen beide still.

Man mußte dich ertränken, damit du mir zuhörst.
Damit du Zeit hast für Klytämnestra. Ich halte dir
deine Grabrede, hör gut zu! Zeus selber entscheidet
über den Ausgang eines Krieges. Hast du das vergessen, stolzer König aus Mykene? Was für eine Demüti-
gung für einen herrschsüchtigen Mann! Du bist nur
ein Werkzeug. Warum klagt man mich dann an? Ich
habe nur getan, was deine Götter wollten! Ich kann

nicht warten. Ich tauge nicht zur Witwe. Ich habe deinen möglichen Tod beweint, solange meine Tränen reichten. Jetzt bist du ein alter Mann. Ich empfand kein Mitleid, als ich dich wiedersah. Kassandra saß zu deinen Füßen, im selben Wagen, und stieß ihre Verfluchungen aus. Dein Bett stand nicht zehn Jahre leer. Ein anderer hat es warm gehalten. Es ist kalt in den Mauern von Mykene.

Sobald die Sonne über die Hügel steigt, wird man dir deine goldene Maske aufsetzen. Erinnerst du dich an den Goldschmied? Er saß dir lange gegenüber, sah sich in dich hinein; er sah voraus. Er hat dich sichtbar gemacht für alle. Ich sollte die Maske für dich aufbewahren bis zu deiner Rückkehr, bis zu deinem Tod. Ich hielt sie oft in meinem Schoß und sprach mit dir. So wie ich jetzt mit dir spreche. Du trugst damals noch keinen Bart. Gab es keinen Barbier in Troja? Wolltest du der Tochter des Priamus gefallen? Sollte sie dein feistes Kinn nicht sehen? Deine Ohren stehen ab, das kommt vom Horchen. Wer horcht, hat Angst, dem wachsen die Ohren, sagt Georgios, der Hirte.

Dein Grab steht bereit, eine Höhle für Riesen. Alles, was ihr gebaut habt, war zu groß für Menschen. Kyklopenmauern habt ihr errichten lassen. Habt ihr die Mauern von Tiryns und Mykene so stark gemacht, daß Schreie, meine Schreie, sie nicht durchdringen konnten? Die Sonne erleuchtet die Hallen nicht, erwärmt sie nicht. Frierst du, Agamemnon? Du hast dich oft gerühmt: Ich bin aus Erz, hast du geprahlt. Gut, dann roste! Auch Rost zerfällt.

Ich will zu Erde werden. Kein Bild von Klytämnestra, keine Maske. Nur ein Gerücht, ein Schatten, der sich auf Mykene legt. Du bist klein, Agamemnon, wußtest du, daß du so klein bist? Du wirst dich fürchten in dem Grab, das aussieht wie ein Phallus. Meinst du, man würde den Phallus nicht erkennen, in dem du bald gefangen sitzen wirst? Es wächst Gras über dem Hügel, ich war erst gestern dort. Mohn blüht, auch Kamille. Man wird über dich hinweggehen. Fledermäuse werden in deinem Grab hausen. Hat dir Kassandra das nicht prophezeit? Mäuse und Ratten! Später werden dann die Hirten bei Gewitter in deiner Grabkammer Unterschlupf suchen. Es wird sie schaudern, aber dann werden sich die Schafe und die Ziegen durchs Tor drängen, sie werden mit ihrem fettigen Fell die Mauern blank reiben. Sie werden auf dich misten, Agamemnon! Die Hirten werden Feuer anzünden gegen Finsternis und Kälte. Rauch wird die Steine schwärzen. Und unter Staub und Dung wird man nur noch deine Maske finden.

Was planen deine Götter mit Klytämnestra? Wird man sie von einem Fels ins Meer stürzen? Wird sie der Blitz erschlagen? Werden Fische mein Fleisch zernagen oder Geier es von meinem Körper hacken? Meine Lippen? Meine Augen? Blindschleichen meine Arme umzingeln? Als ich noch jung war, hast du mir einen Armreif geschenkt, der die Gestalt einer Schlange hatte, mit rubinroten Augen. Der Reif liegt auf dem Meeresboden, nicht weit von jenem Felsen, auf dem ich lange stand und wartete. Man wird den Fisch, den man dort fängt, nicht essen, weil er giftig ist von Klytämnestras Fleisch. Mein Haß vergiftet die Argolis. Werden wilde Bienen den Zutritt zu meinem Grab verwehren? Wird man den Kindern die Honigwaben aus den Händen reißen: Das darfst du nicht essen, der Honig ist bitter, du wirst sterben, er ist vergiftet von

ROBOT CLAYMATION

Emily Reid

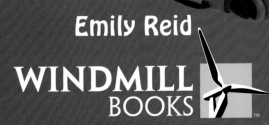

WINDMILL
BOOKS

Published in 2017 by **Windmill Books**,
an Imprint of Rosen Publishing
29 East 21st Street, New York, NY 10010

Copyright © 2017 Windmill Books

Produced for Rosen by BlueAppleWorks Inc.
Creative Director: Melissa McClellan
Managing Editor for BlueAppleWorks: Melissa McClellan
Design: T.J. Choleva
Editor: Kelly Spence
Puppet Artisans: Janet Kompare-Fritz (14, 18);   Jane Yates (p. 10, 12, 16, 20, 22)

Picture credits: Plasticine letters:Vitaly Korovin/Shutterstock; title page, TOC, Austen Photography; p. 4 Sony Pictures
Releasing/Photofest; p.5 Janet Kompare-Fritz; ; p. 6 left to right and top to bottom: ukrfidget/Shutterstock; Andrey Eremin/
Shutterstock; exopixel /Shutterstock; Lukas Gojda/Shutterstock; koosen/Shutterstock; Irina Nartova/Shutterstock; STILLFX/
Shutterstock; Picsfive/Shutterstock; Darryl Brooks/Shutterstock; Winai Tepsuttinun/Shutterstock; Yulia elf_inc Tropina/
Shutterstock; Austen Photography; All For You /Shutterstock; Radu Bercan /Shutterstock; Austen Photography; p. 7 left to
right and top to bottom: Ilike/Shutterstock; Tarzhanova/Shutterstock; Austen Photography; kamomeen /Shutterstock; Lesha/
Shutterstock; ikurdyumov/Shutterstock; Austen Photography; Ilike/Shutterstock; p-8 to 27 Austen Photography; p. 28 left
Valentina Razumova/Shutterstock; p. 29 upper left Warongdech/Shutterstock;p. 29 top right Anneka/Shutterstock; p. 29 right
taelove7/Shutterstock; p. 30, 31 Austen Photography

Cataloging-in-Publication Data

Names: Reid, Emily.
Title: Robot claymation / Emily Reid.
Description: New York : Windmill Books, 2017. | Series: Claymation sensation | Includes index.
Identifiers: ISBN 9781508192046 (pbk.) | ISBN 9781508192015 (library bound) | ISBN 9781508191957 (6 pack)
Subjects: LCSH: Animation (Cinematography)--Juvenile literature. | Sculpture--Technique--Juvenile literature. |
    Robots in art--Juvenile literature.
Classification: LCC TR897.5 R45 2017 | DDC 777'.7--dc23

Manufactured in the United States of America
CPSIA Compliance Information: Batch #BS16PK: For Further Information contact Rosen Publishing, New York, New York at 1-800-237-9932

Contents

What Is Claymation?

Robots are amazing machines, and the perfect stars for your next Claymation adventure! Claymation, also known as clay **animation**, combines **stop-motion** animation with characters or puppets made out of modeling clay to create movies or short videos.

Stop-motion animation creates the illusion of movement when a series of still images, called **frames**, are quickly played in sequence. Each frame shows a slight change in position from the previous frame. Clay characters are easy to move and reposition to show these actions in small steps. The smaller the movements, the smoother the sequence appears. It takes several frames to make a Claymation movie. Animations can be created using many devices, including a traditional camera, smartphone, or tablet.

Claymation movies, like The Pirates! Band of Misfits, *take months and lots of money to create. The film was released in 3-D and used detailed sets and props. During production, animators had to carefully reposition the puppets to shoot each new frame.*

Claymation Tip

There are lots of apps you can use to create your Claymation movie. These apps let you shoot and edit your movie using one device. Make sure to ask permission before you download any apps to your smartphone, tablet, or computer.

4

All types of filmmaking, including Claymation, tell a story. To start, brainstorm an idea for your robot adventure. Think of a beginning, middle, and end. Write a short summary of the story. How many characters do you need to tell your story? What kind of background and props will you use?

When you make a Claymation movie, it is important to map out the character's movements before you start shooting. A **storyboard** is a series of drawings that show each step of the story. Use a storyboard to figure out what actions are needed, and in what order, to tell your story from start to finish. Sketch out each scene and label it with the scene number. After the storyboard is ready, it's time to create your puppets.

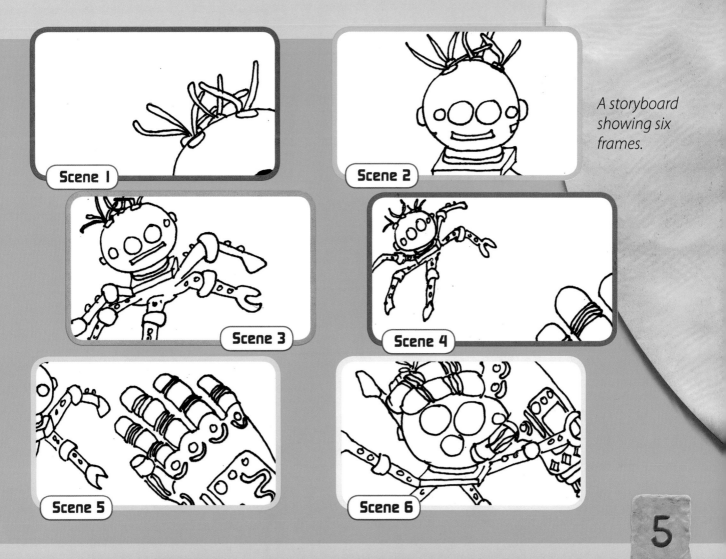

Scene 1

Scene 2

Scene 3

Scene 4

Scene 5

Scene 6

A storyboard showing six frames.

Materials and Techniques

Claymation puppets are created with nondrying, oil-based clay. Plasticine is a popular brand, although any nondrying modeling clay will do. This type of clay is moldable enough to create a character, flexible enough to allow that character to move in many ways, and dense enough to hold its shape when combined with a wire **armature**.

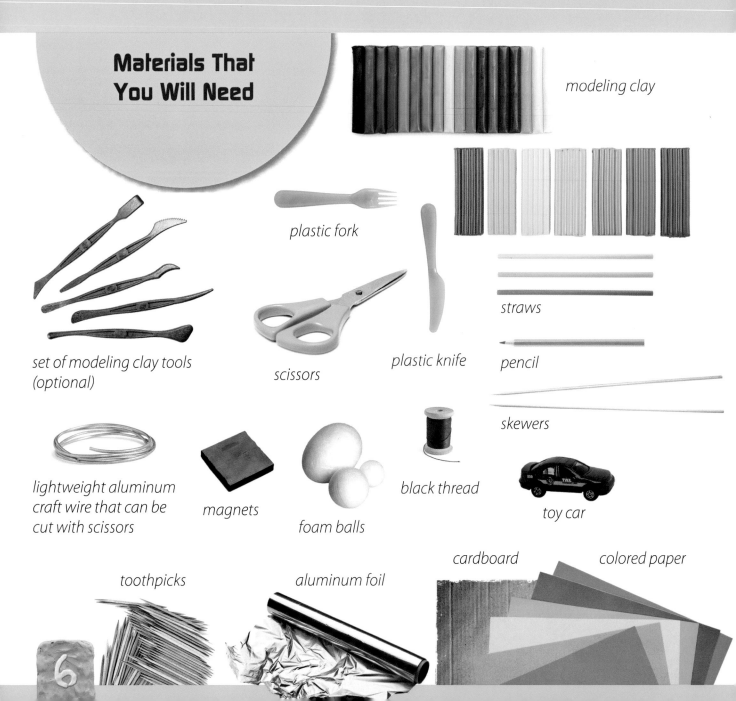

Materials That You Will Need

modeling clay

plastic fork

straws

scissors

plastic knife

pencil

set of modeling clay tools (optional)

skewers

lightweight aluminum craft wire that can be cut with scissors

magnets

foam balls

black thread

toy car

toothpicks

aluminum foil

cardboard

colored paper

Working with Clay

Modeling clay is oily and can be messy to work with. Prepare a work area. A piece of cardboard or foam board is great to work on. Wash your hands well when you finish working, as they will be oily, too.

Basic Shapes

All of these shapes can be made big or small or thin or thick, depending on the amount of clay used and the pressure applied. Use your fingers to squish, smooth, pinch, flatten, and poke the clay into whatever shape you want.

To form a ball, move your hands in a circle while pressing the clay lightly between them.

To create a pancake shape, roll a ball and flatten it between your thumb and fingers. Smooth the edges if they crack.

To make a snake shape, roll the clay on a flat surface with your fingers. Roll a pencil over the snake to flatten it and make a ribbon.

To form a teardrop, pinch and roll one end of a ball into a point.

To create a cylinder, roll a large piece of clay in your hand, then roll it on a flat surface to smooth. Press each end into the table to flatten it.

To make a slab, start with a large piece and flatten it on your work surface. Keep pressing the clay out and away from the center until it is as flat as you want it.

Modeling Tips

● Always start by kneading the clay in your hands to warm it up and soften it.

● You can mix different colors together to create new colors. Just squish the clay in your hands until it is blended completely or leave it partially blended to create a marble effect.

● Make your puppets about the same size as an action figure, between 4 and 6 inches (10 and 15 cm) tall. They should be big enough to move around but not so big they fall over.

Body Parts and Armatures

Puppets can be made in many ways. The simple ones require only modeling clay and some patience. If you decide to create more complicated puppets, you will need additional elements to give the puppets structure and support, such as wire armatures and foam shapes. It is a good idea to keep anything that is on top of the puppet light so it does not droop during animation. Using a lightweight foam ball should do the trick.

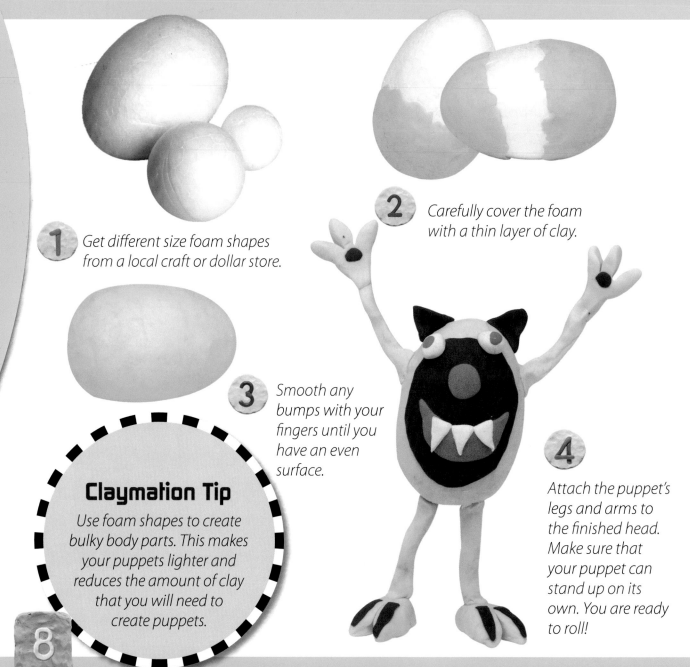

1 Get different size foam shapes from a local craft or dollar store.

2 Carefully cover the foam with a thin layer of clay.

3 Smooth any bumps with your fingers until you have an even surface.

4 Attach the puppet's legs and arms to the finished head. Make sure that your puppet can stand up on its own. You are ready to roll!

Claymation Tip

Use foam shapes to create bulky body parts. This makes your puppets lighter and reduces the amount of clay that you will need to create puppets.

Stability

Make sure your character has a big enough base or feet to support its weight. If necessary, you can stabilize it with putty or put pushpins through the puppet's feet to hold it in place.

Armatures

Armatures function as a skeleton that holds the puppet parts together and allows for them to move easily. Wire-based armatures are made using strands of lightweight wire. Whenever useful, you can combine an armature with foam pieces to create a base for your puppet. Make sure you don't make the clay too thick around the armature, or your puppet will be difficult to move.

To make an armature for a figure, start with a long piece of wire. Fold it in half. Twist the wire to form a loop at the top.

Take one piece of the wire and bend it to form one of the figure's arms. You can make it whatever length you choose. At the end of the arm, loop the wire and twist it back on itself. Repeat this step on the opposite side using the other length of wire.

Twist both wires together to form the body.

Make the legs and feet following the same steps used for the arms. If you have extra wire left, cut it off or wind it around the body.

Be creative with the details. Try new things. Use your imagination to add futuristic touches to your robot puppets. Have fun with it!

9

Retrobot Puppet

The word "robot" was first used in a play written in 1920. These machines have been popular in books and movies ever since. It took a long time for science to catch up with people's imaginations. Many older films feature funky retrobots, like the one made here.

 Make two thick slabs for the robot's feet. Roll two short, fat cylinders for its legs. Place the legs on top of the feet. Push a toothpick into each leg to attach the feet as shown. The tops of the toothpicks should stick out.

2 Use foam to cut a rectangle for the body and a square for the head. Roll out some thin slabs of clay to cover the foam. Smooth the edges. Set the square aside.

5 Place the body onto the legs. Gently press down on the toothpicks. Attach an arm to each side of the robot's body. Press the neck onto the top of the body. Press the bottom of the toothpick into the foam.

 Cut two short pieces of wire to make the robot's arms. Bend each arm into an L shape and cover it with clay. Leave one end uncovered.

 Roll a fat cylinder for the neck. Push a toothpick through the center.

6 Roll four balls for the robot's eyes and ears. Wrap thin snakes around the eyes and ears, then press them onto the head. For the mouth, use black clay to make a flat, thin ribbon. Press four gray snakes onto the slab to form teeth. Press the head onto the toothpick sticking out from the neck.

7 Blend two colors together and roll out thin snakes. Coil the snakes around the arms and neck.

8 Press a small snake onto the top of the head. Curl the end.

9 Use different colors to make several snakes and pancakes. Decorate the robot's body.

Claymation Tip

The retrobot can walk, turn its head, and move its arms. To animate the robot, use small movements for each frame.

111

Spacebot Puppet

Robots are perfect for exploring space. They can travel to places where it is dangerous for humans to go, and for long periods of time. One robot has been exploring Mars for over ten years. This puppet is a walking robot droid.

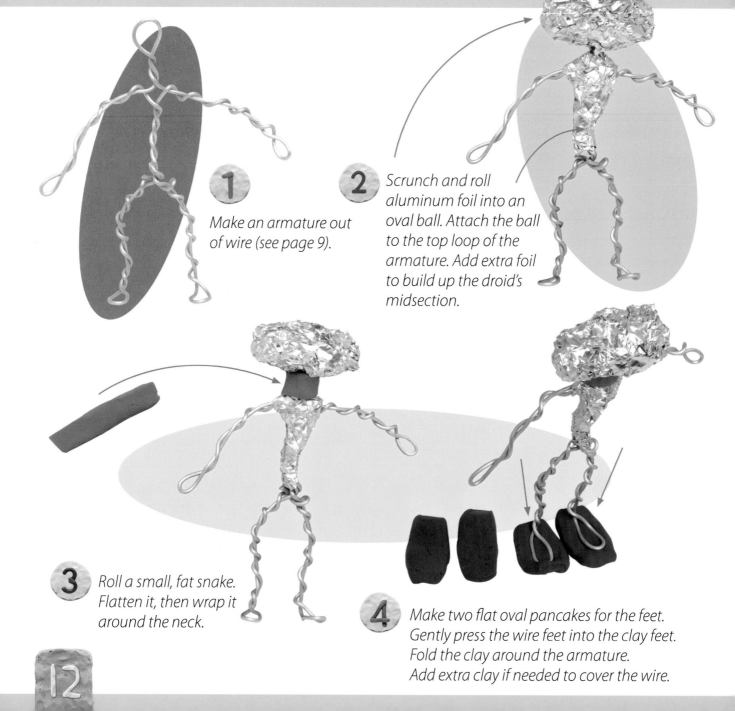

1 *Make an armature out of wire (see page 9).*

2 *Scrunch and roll aluminum foil into an oval ball. Attach the ball to the top loop of the armature. Add extra foil to build up the droid's midsection.*

3 *Roll a small, fat snake. Flatten it, then wrap it around the neck.*

4 *Make two flat oval pancakes for the feet. Gently press the wire feet into the clay feet. Fold the clay around the armature. Add extra clay if needed to cover the wire.*

5 Roll out several thin slabs of clay. Use the slabs to completely cover the armature. Smooth the seams with your fingers.

6 With the plastic knife, cut one slab into a triangle. Press the triangle onto the front of the droid.

7 Use small pancake shapes for the eyes and pupils. Press the eyes onto the face. Attach two small snakes above the eyes to make eyebrows. Use a flattened snake for the mouth.

8 To make hands, roll two small balls of clay. Pinch each ball into two fingers with pointed ends. Attach a hand to the end of each arm. Smooth the edges.

9 Use a dark color to make four thin slabs. Wrap the slabs around the droid's knees and shoulders. Place thin snakes around its knees and wrists. Trim a slab into a triangle. Press on a smaller triangle, snakes, and a small pancake.

Claymation Tip

When animating your puppet, you can move its arms and legs. Use your fingers to smooth out any creases that form in the clay. Your droid is ready to explore!

13

Spiderbot Puppet

Spiders can walk up and down walls—so can spiderbots! A spiderbot is a robot that looks and moves like a real spider. This spiderbot has six legs instead of eight. With eyes all around its head, the spiderbot can see everything going on around it.

Build the Body

 Make a wire armature as shown. Cut three long pieces of craft wire with scissors. Each wire makes two of the spiderbot's legs, so each piece needs to be twice as long as you want the puppet's legs to be. Bend each piece in half. Form a loop at the bend, then twist the two wires together. Make a second loop at the other end.

 Form a star shape with the twisted pieces of wire. Use another piece of short wire to join the legs in the middle.

 Bend the legs slightly downward so the spiderbot can balance on all six legs.

 Cut a round piece of cardboard and tape it to the top of the armature.

 Cover the puppet with gray clay. Smooth the seams with your fingers. Add brown clay at the end of each leg. Pinch the end of one leg into two fingers to make a pincher tool.

 Make a thick square slab and a thick pancake. Place the pancake on top of the square. Press the neck onto the top of the armature. Wrap a pink slab around the middle of each leg and add four tiny orange dots.

Build the Head

1 Use a lightweight foam ball for the head. Roll a thin slab of clay to cover the ball. Stick a toothpick into the bottom of the foam.

2 Bend small snakes in half to make antennae. Wrap a second snake around the bottom. Press the antennae onto the spiderbot's head.

3 Use blue clay to roll three large balls and two small balls. Cut the balls in half. Press each piece onto the head in a circular line. Follow this pattern: two large half balls, one small half ball, and so on.

4 Make four mouths from flattened snakes. Press a mouth under each set of eyes.

5 Press the head onto the neck.

Claymation Tip
When animating your spiderbot, it can spin its head around, walk, and move its pincher leg up and down.

Snakebot Puppet

A snakebot is a robot that slithers like a snake. Some are tiny, while others are huge. With their flexible bodies, snakebots are good at climbing into hard-to-reach places. Scientists are studying how to use snakebots to explore extreme places such as the human body and distant planets.

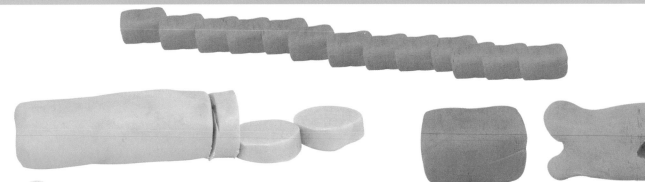

1 *Roll a large cylinder. Use the plastic knife to carefully cut it into small slices.*

2 *Roll 13 short orange cylinders. Pinch the ends of each cylinder into points as shown.*

3 *For the head, roll a large purple cylinder. Pinch one end to make a narrow nose.*

4 *For the tail, roll a long, thick snake. Pinch one end into a point. Split the other end into two pieces.*

5 *Cut a long piece of string.*

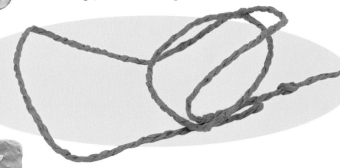

6 *With the knife, make a slit partway through each orange cylinder. Be careful not to cut all the way through.*

7 Lay the tail at one end of the string. Next, place a yellow circle under the string, followed by an orange cylinder. Fold the sides of each piece together to cover the string. Repeat this pattern until all the yellow and orange pieces are used. Smooth the seams using your fingers. Attach the head to the other end of the string.

8 Make sure that all the pieces fit snugly around the string. Smooth the clay again where needed to make sure the string will not come loose when the snakebot is animated.

9 For eyes, cut two triangles out of a thin slab of blue clay. Press each eye onto the head. Make a thin ribbon of yellow clay. Place the ribbon down the middle of the head. For the mouth, use orange clay to make a thin rectangle. Scratch the mouth with a toothpick to add texture. Press the mouth onto the head.

Claymation Tip

When animating the snakebot, it can slither all over your set in big S-shaped movements.

17

Robotic Hand

Robotic hands are usually attached to the end of a robotic arm. They can be used to perform any task a person might use their hands to do. Since a robotic hand won't get tired, they are used for repetitive jobs in factories. The military even uses robotic hands to disarm bombs.

 Trace your hand on a piece of paper. Use the outline as a guide to make a wire armature as shown. You will need one long piece of wire. Start at the base by the little finger. Bend the wire at the tip of the finger. Then, twist the wire back down and continue with the next finger. After you reach the thumb, make a large loop for the palm. Wrap the remaining wire back and forth across the palm.

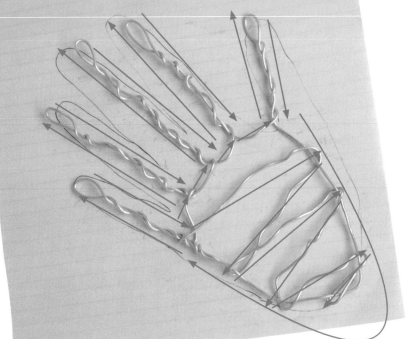

 Cover the armature in foil.

Completely cover the foil with a thin layer of gray clay. Smooth and pinch the clay until you are satisfied with the shape. Mold a thin black rectangle and press it onto the top of the hand to form a flap.

4 Roll out thin slabs of gray clay, then cut out several rectangles. Wrap three rectangles around each finger. Add two around the thumb. Roll several black and red snakes. Wrap the snakes around the fingers as shown. Make five red pancakes. Press one onto each knuckle. Press gray snakes in a half-moon shape around each knuckle.

5 To show off the inside of the robotic hand, cut a flap on the top part of the puppet. Carefully slide your knife under the clay and pull it up. Leave one side attached. Scrap away the clay beneath the flap until you reach the armature. Spread some yellow clay along the flap and inside the opening. Use colorful snakes to make wires.

6 Decorate the top of the flap with snakes and pancakes.

7 Add fake wires to the wrist. Use different colors to make four short snakes. Roll several tiny white snakes and attach them to the larger snakes. Press each large snake into the wrist.

8 Make four diamonds to decorate the top of the hand. Roll a fat red snake to wrap around the wrist.

Claymation Tip

When shooting your movie, the robot's fingers can bend and the flap can be lifted to show the wires. If you do not want to animate the fingers, you can skip the first step and just make your hand from foil.

Nannybot

Meet the nanny of the future. A nannybot is a humanoid robot on wheels. This handy robot can take care of children or help teachers in a classroom. With a spinning head, a nannybot misses nothing!

1 For this puppet, you will need an old toy car (or you can buy one from a dollar store). Cover the car with clay. Leave the wheels uncovered and make sure they can still spin.

2 Gently press a square lump of clay on the top of the car.

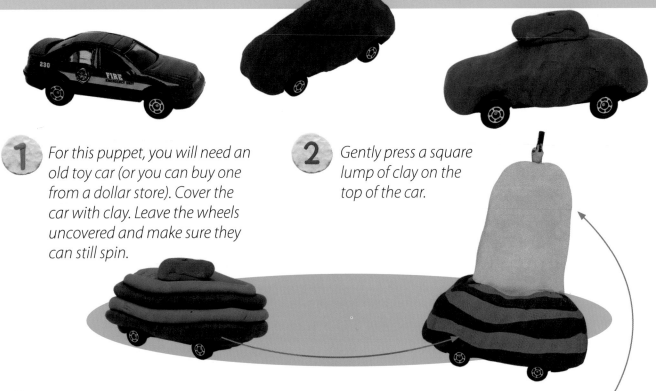

3 Roll six thick snakes. Make three using purple clay and three with blue. Wrap the snakes around the car. Alternate the colors. Smooth the snakes by rubbing a modeling tool or your fingers over the clay.

4 Use pink clay to make a rounded rectangle for the body. Use a toothpick to attach it to the top of the car. Press another toothpick into the top of the body. Wrap pink clay around the bottom of the toothpick to create a neck.

5 Break two toothpicks in half. Use clay to join two pieces together to form an L shape. Cover the arms with clay. Use a darker color for the hands. Leave the other ends of the arms uncovered.

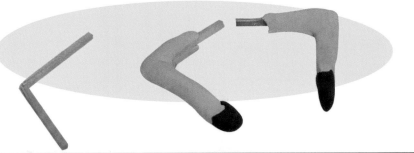

6

Make a thick oval. Press one side into the table to flatten the face. For eyes, press two small blue balls into the head. Use a small oval for the mouth. Press into head below the eyes. Use a toothpick to add texture to the cheeks.

7

Use a flat, thin rectangle to make an instrument panel for the body. Press a red ball onto the front of the panel. Add details using flattened ribbons and balls. Make a speaker by adding texture with a toothpick to a white rectangle.

8

Stick the arms into the sides of the body. Press the head onto the neck. Attach the instrument panel to the front of the robot's body.

Claymation Tip

When animating your nannybot, it can roll back and forth across the set. To keep an eyes on things, it can also turn its head from side to side.

Robotic Dog

A robotic dog is not as cuddly as a real puppy, but they can walk for miles and never get tired. Robotic dogs are used to carry items in the military over rough terrain. They can also be sent into dangerous situations. Small robotic dogs that follow simple commands are popular toys.

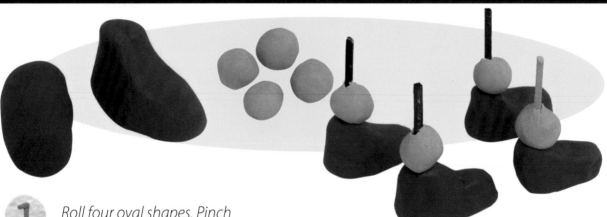

 1 *Roll four oval shapes. Pinch each ball into a boot shape.*

2 *Roll four small orange balls. Use a toothpick to attach each ball to a boot as shown.*

3 *Roll two cylinders. One should be a bit longer than the other. Make an orange pancake.*

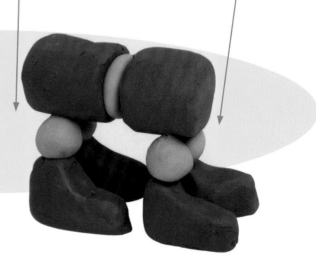

 4 *To make the dog's body, push a toothpick through the center of the orange pancake. Press a cylinder onto each end.*

5 *Gently press the body onto the four legs.*

7 Use a toothpick to join the head and neck. Press the head onto the body.

6 Roll a cylinder. Pinch one end into a rounded point for the head. Roll another cylinder for the dog's neck.

8 Roll a thin slab of gray clay. Cut out two floppy ears. Press one onto each side of the head. Roll a thin orange slab to cover the top of the head. Make a white ribbon for a visor. Place the visor across the dog's face.

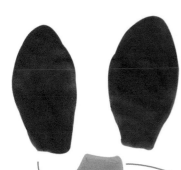

9 Cut a small piece of wire. Cover it with gray clay and attach to the back of the dog. Roll an orange snake and twist it around the tail.

Claymation Tip

When animating your robotic dog, you can make it walk, turn its head from side to side, and wag its tail.

The Props

Props are used in the creation of the movie. They decorate the set. Props add visual interest to the movie. Sometimes the puppets interact with them. In a Claymation about robots, the props can help create a futuristic world where anything is possible.

 To make a road, roll some clay into a long, flat shape. Trim the sides to create a straight edge. Next, roll a long white or yellow ribbon. Cut it into smaller pieces. Use the pieces to create a line running down the middle of the road.

 For a road sign, cover a flat wooden stick with clay. Roll a fat pancake to use as a base. Push one end of the stick into the pancake. For the sign, roll and cut a thin slab into a square shape. Use another color to make a flat triangle. Press the two pieces together and attach the sign to the top of the stick.

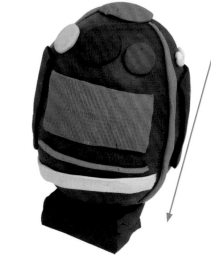

 Make a computer console. Mold a square slab. Press a toothpick into the slab. Next, cover a foam egg with a thin layer of clay. Press the foam onto the base. Use snakes, slabs, and pancakes to decorate the console.

 Make a flying camera drone. Roll three pancakes. Each pancake should be bigger than the last. Make some thin black ribbons. Press four ribbons onto each pancake as shown. Stack the pancakes on top of one another.

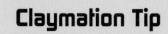

Construct a table. Cover a rectangle piece of foam with a thin slab of clay. Smooth the edges with your fingers. Roll four small balls for table feet. Stick a toothpick into each ball, then push the other end into the foam. Cover the legs with clay. Wrap a snake around the edge for decoration.

Claymation Tip

You can use two magnets to animate your flying drone. Press one magnet into the back of the camera. When you're ready to start filming, put the drone on the front of the background. Match the other magnet on the back. The drone can now zoom around the background in your Claymation movie.

The Set

The set is where you will film your movie. It is the landscape in which your story will come to life. A set can be as simple as a piece of paper taped to the wall or more complex. The set needs to be large enough for your puppets to be able to move around.

Basic Set

The most basic set is a single piece of paper or poster board. Tape one end of the paper to the wall. Pull the paper and tape the other end to the table. Leave a bit of a curve in the paper.

1 *You can build a simple set using a cardboard box. Break down the box and cut out two large rectangles that are the same size.*

2 *Line up the long sides of the rectangles and tape them together.*

3 *Make a triangle from the leftover cardboard.*

4 *Tape the triangle to the back of the one rectangle. Bend the other to form an L shape as shown.*

5 Fold a piece of colored paper over the top of the box. Use clear or double-sided tape to secure each end of the paper to the front and back of the set.

Add a modern cityscape to your set. To make buildings, cut different-sized rectangles out of cardboard.

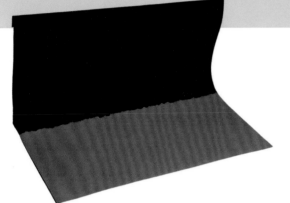

Cover the rectangles with foil or construction paper. Make sure no cardboard is visible. To make windows, use a pencil to etch designs into the foil or glue small squares onto the paper.

6 Tear a piece of brown paper to represent the ground. Line it up with the sides of the box and tape in place.

Alternative Set

You can paint a background directly on the cardboard or paint a white piece of poster board and attach it to the cardboard.

7 Arrange your props. Before you start shooting, secure the set to the surface you are working on with tape.

Lights, Camera, . . .

To light your set, a couple of desk lamps or the overhead lights should do the trick. Don't place your set near a window or shoot outside unless it is an overcast day. Changes in lighting will cause flickering in your movie.

Experiment with the placement of the lamps.
Take test shots to see how it looks.

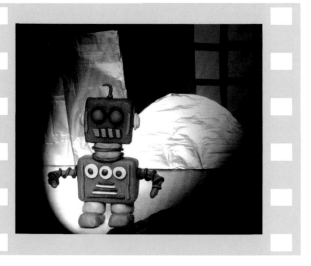

Make your retrobot a star! Create a spotlight by directing one light onto the set.

Flat, even light is created when two lamps are placed an equal distance apart. There are little or no shadows.

Claymation does not require a video camera. A digital camera, smartphone camera, or tablet camera will work. Think about the camera angles you want to use while shooting your film. The angle and distance from which you capture your scene can bring your movie to life.

In a straight-on shot, the camera is lined up directly with the puppet.

Shooting the movie from above makes the puppet appear small.

A closeup shot taken from a low angle can create a dramatic effect.

. . . Action!
Making Your Movie

It's time to make your Claymation movie! You have your storyboard, your puppet(s), your set, lights, and camera. Position the puppets on the set when you are ready to begin. Using your storyboard as a guide, start taking photos. Make sure you move your puppets in very tiny increments. The smaller the movements, the smoother the film will be. Be careful not to move the camera while taking a sequence of shots.

You can use a camera on a tripod and import your stills later into an animation program. Or you can use your smartphone or tablet camera to capture photos directly in a stop-motion animation app.

Make sure your hands are out of the frame after moving the puppet before taking the next shot.

It takes a lot of patience to make a Claymation film. Slowly move your puppet toward an object on your set to make it appear as if the puppet is moving on its own. If the puppet moves too far in each shot it will appear to jump rather than move in one fluid motion.

Now it's time to finish your movie. **Postproduction** is the last step in creating your Claymation film. Within your app or animation program you can edit your frames, removing any that don't work. This is also the time to add music or sound effects. Music can set the mood of the film. Different types of music can sound happy, sad, or suspenseful. There are all kinds of free sound effects on the Internet, or you can record your own. Adding effects to your movie will bring the action to life.

Finally, it's showtime! Stage a screening to share your robot Claymation with an audience. At the end, take a bow!

If there is a scene that doesn't work, cut it!

THE End

Use clay letters to make credits for your movie. Include a title and end credits, listing yourself and anyone else who helped.

31

GLOSSARY

animation In film, creating the illusion of movement using still images played in a rapid sequence.

armature A wire frame that acts as a skeleton for a sculpture made with modeling clay.

frame An individual picture in a series of images.

postproduction The final stages of finishing a movie after it has been recorded that usually involves editing and adding sound.

stop-motion An animation technique that uses a series of shots showing small movements to make characters or objects appear to move.

storyboard A series of pictures that show the scenes in an animation.

FOR MORE INFORMATION

FURTHER READING

Cassidy, John, and Nicholas Berger. *The Klutz Book of Animation.*
Palo Alto, CA: Klutz, 2010.

Grabham, Tim. *Movie Maker: The Ultimate Guide to Making Films.*
Somerville, MA: Candlewick, 2010.

Piercy, Helen. *Animation Studio.*
Somerville, MA: Candlewick, 2013.

WEBSITES

For web resources related to the subject of this book, go to:
www.windmillbooks.com/weblinks and select this book's title.

INDEX